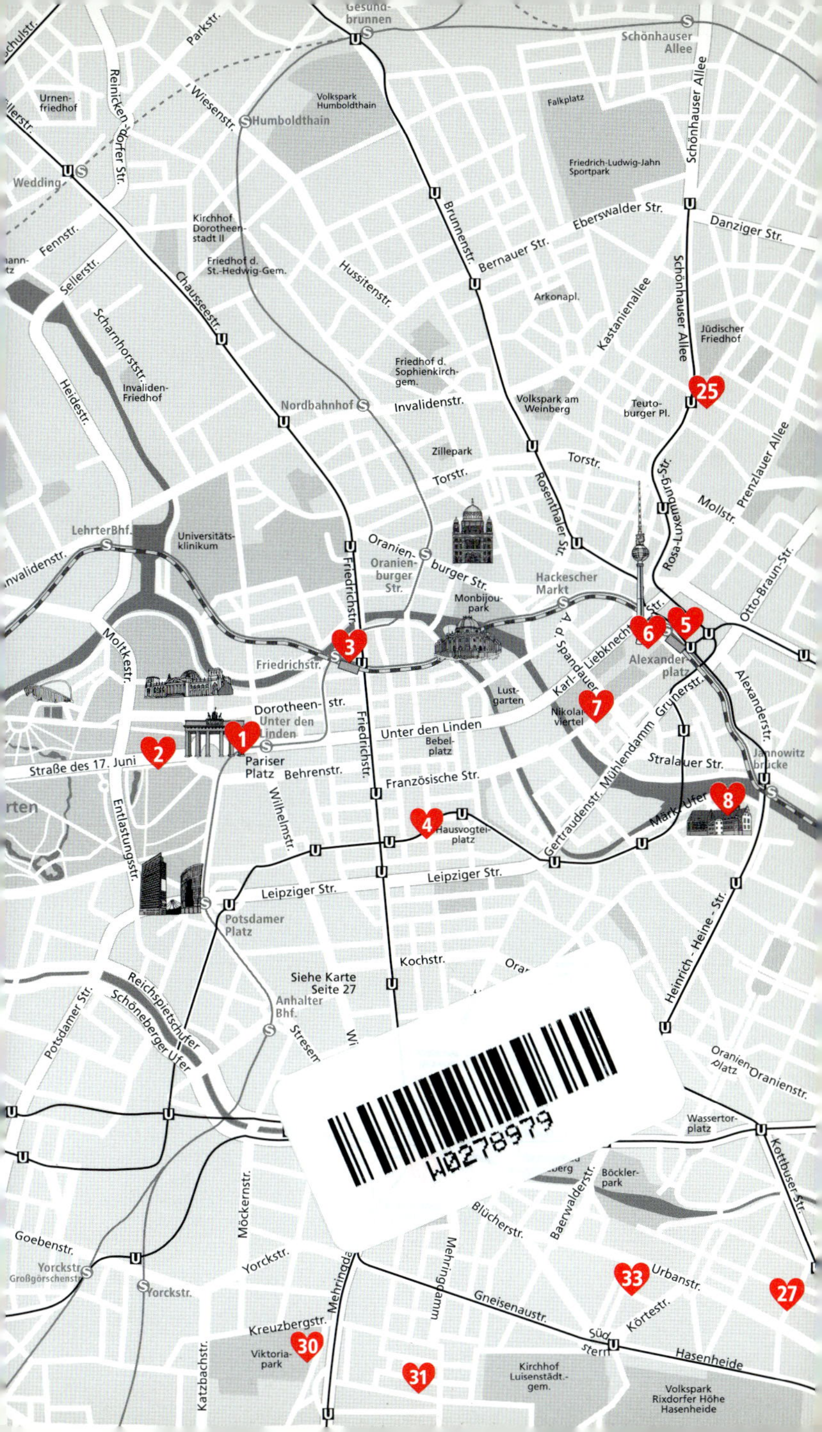

Gesund-
brunnen
Schönhauser
Allee
Parkstr.
Reinicken-dorfer Str.
Urnen-
friedhof
Wiesenstr.
Humboldthain
Volkspark
Humboldthain
Falkplatz
Schönhauser Allee
Friedrich-Ludwig-Jahn
Sportpark
Wedding
Kirchhof
Dorotheen-
stadt II
Fennstr.
Friedhof d.
St.-Hedwig-Gem.
Brunnenstr.
Bernauer Str.
Eberswalder Str.
Danziger Str.
Sellerstr.
Hussitenstr.
Arkonapl.
Kastanienallee
Schönhauser Allee
Jüdischer
Friedhof
Chausseestr.
Scharnhorststr.
Invaliden-
Friedhof
Heidestr.
Friedhof d.
Sophienkirch-
gem.
Nordbahnhof
Invalidenstr.
Volkspark am
Weinberg
Teuto-
burger Pl.
25
Zillepark
Torstr.
Torstr.
Prenzlauer Allee
Rosa-Luxemburg-Str.
Mollstr.
Rosenthaler Str.
LehrterBhf.
Universitäts-
klinikum
Invalidenstr.
Oranien-
burger Str.
Oranien-
burger
Str.
Friedrichstr.
Hackescher
Markt
Otto-Braun-Str.
Monbijou-
park
A. d. Spandauer
Karl-Liebknecht-Str.
6
5
3
Moltkestr.
Friedrichstr.
Alexander-
platz
Alexanderstr.
Lust-
garten
7
Nikolai-
viertel
Dorotheen-str.
Unter den
Linden
Grunerstr.
1
2
Unter den Linden
Bebel-
platz
Straße des 17. Juni
Pariser
Platz
Behrenstr.
Friedrichstr.
Mühlendamm
Stralauer Str.
Jannowitz
brücke
Französische Str.
Gertraudenstr.
Entlastungsstr.
Wilhelmstr.
4
Hausvogtei-
platz
Märk. Ufer
8
Leipziger Str.
Leipziger Str.
Potsdamer
Platz
Heinrich-Heine-Str.
Kochstr.
Siehe Karte
Seite 27
Reichspietschufer
Schöneberger Ufer
Potsdamer Str.
Anhalter
Bhf.
Oranien-
platz
Oranienstr.
Wassertor-
platz
Kottbusser Str.
Böckler-
park
Baerwaldstr.
Blücherstr.
Goebenstr.
Möckernstr.
Mehringdamm
Mehringdamm
Yorckstr.
Großgörschenstr.
Yorckstr.
Yorckstr.
33
Urbanstr.
27
Gneisenaustr.
Körtestr.
Kreuzbergstr.
30
Viktoria-
park
Süd-
stern
Hasenheide
31
Kirchhof
Luisenstädt.-
gem.
Volkspark
Rixdorfer Höhe
Hasenheide
Katzbachstr.

Stadtführer für alle Fälle

Berlin und seine öffentlichen Toiletten

L&H VERLAG

DANKE

Landesdenkmalamt Berlin
Dr. Jörg Haspel

Wall AG, Berlin
Hans Wall

Stadtführer für alle Fälle

Reiner Elwers

Rachel Nissen

Jörg Haspel

Thies Schröder

L&H VERLAG

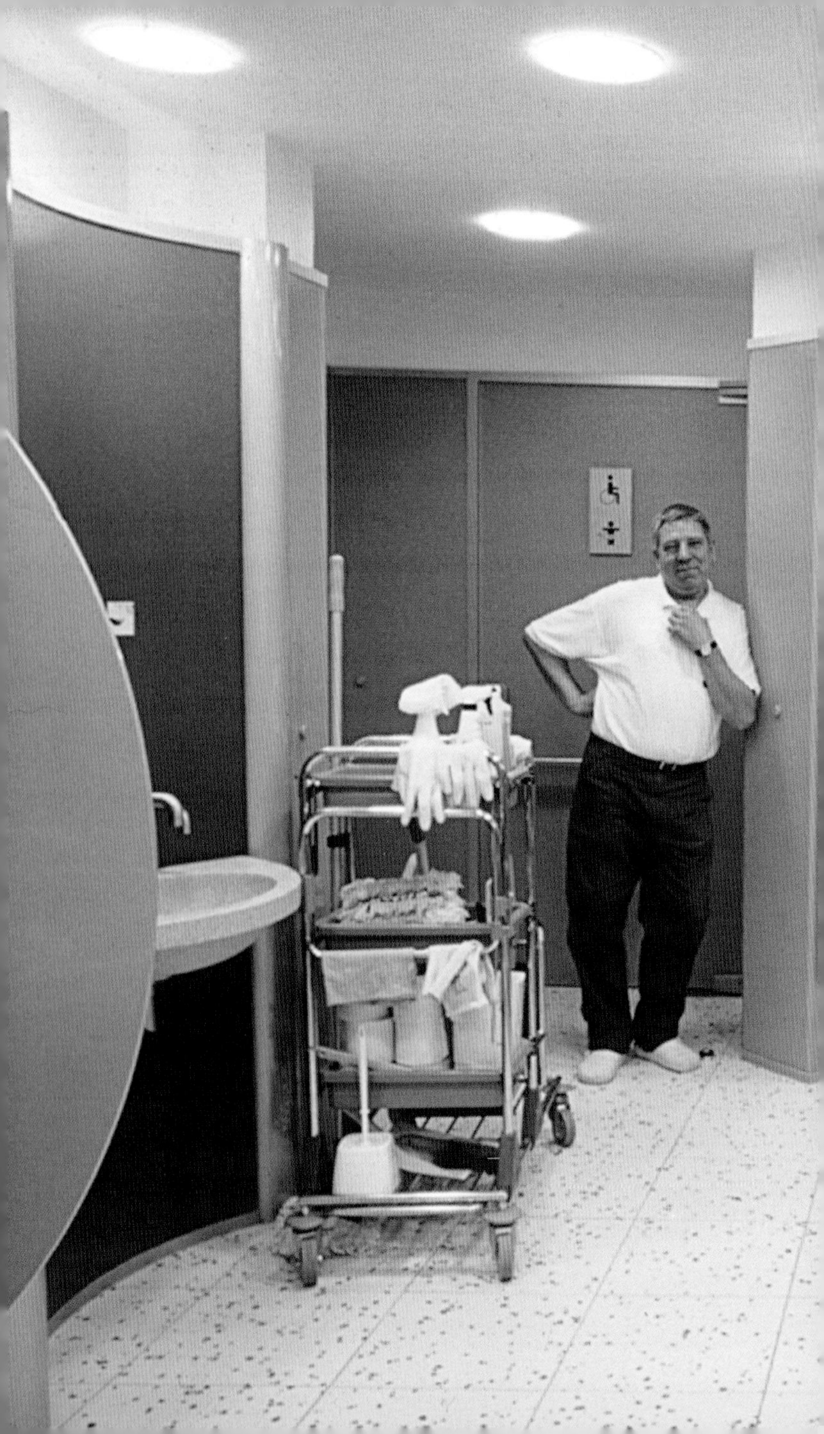

"Ihr sollt außerhalb
des Lagers einen Platz
bestimmen, wo Ihr eure
Notdurft verrichtet."
5. Buch Moses
Deuteronomium
Kapitel 23, Vers 13

Vorbereitung auf den
Berliner Toiletten-Test:
Rachel Nissen und Reiner Elwers

INHALT

KEIN KLO – NIRGENDS

Kennen wir nicht alle die Situation: Plötzlich überkommt einen so ein menschliches Bedürfnis, doch die heimische Toilette, wo wir uns auskennen, wo das Klopapier nie ausgeht (hoffen wir mal), wo es warm und gemütlich ist, wo die aktuelle Ausgabe unserer Lieblingsillustrierten auf dem Spülkasten liegt, ist weit weg. Wie gern hätten wir uns in den heimischen vier Wänden Erleichterung verschafft.

Doch da das jetzt nicht geht, fängt der Blick an, umher zu schweifen. Findet sich nicht irgendwo im Blickfeld das markante Piktogramm mit dem stilisierten Männlein und Weiblein? Oder ein Pfeil mit den Buchstaben WC?

In Berlin geht der Blick leider immer öfter ins Leere. Die Stadt hat in den letzten Jahren – schon vor dem jüngsten Kassensturz – ihre öffentlichen Toiletten flächendeckend abgewickelt. Viele sind ganz verschwunden, einige gammeln als urbane Schandflecken vor sich hin, und wieder andere erfuhren eine Konversion, dienen jetzt also ganz anderen als den ursprünglichen Zwecken.

Auf der anderen Seite haben sich aber auch die vollautomatischen City-Toiletten der Wall AG, frei stehende Einzelkabinen, über die Stadt verbreitet und bieten für 50 Cent ihre Hightech-Dienste an. Man sieht: Die hauptstädtische Toilettenlandschaft befindet sich in einem steten Umbruch.

Dazu gehört auch die Auferstehung des legendären Café Achteck, des gusseisernen Pissoirs der Kaiserzeit. Immer mehr dieser kleinen Baudenkmäler werden nun frisch renoviert und saniert an den ursprünglichen Orten oder auch ganz woanders wieder aufgestellt.

Unter all diesen neuen und alten Toiletten haben wir eine Auswahl getroffen, um sie in diesem Stadtführer für Notfälle vorzustellen. Um nicht allzu subjektiv vorzugehen, hatten wir einen Beurteilungsbogen im Gepäck, auf dem nicht nur die Öffnungszeiten und Preise notiert wurden, sondern auch der bauliche Zustand, die ästhetische Anmutung, die Besonderheiten –

etwa Wickelraum, Behindertentoiletten oder Duschen – und die Hilfsbereitschaft und Freundlichkeit des Personals, soweit vorhanden. Ganz wichtig war natürlich die Sauberkeit und Hygiene.

Das sind also die Kriterien, nach denen die Beurteilungen erfolgten. Die Qualitäten werden durch Herzchen dargestellt:

♥	nur, wenn man muss
♥♥	geht so
♥♥♥	da kann man nicht meckern
♥♥♥♥	ein echtes Wohlfühl-Klo

Aber jetzt wollen wir Sie gar nicht länger aufhalten. Schließlich pressiert's.

Rachel Nissen und Reiner Elwers
Berlin 2002

STILLE ÖRTCHEN IM GROSSSTADTRAUM – EINE KONSERVATORISCHE VORBEMERKUNG

Jörg Haspel

Dr. phil. Dipl.-Ing. Jörg Haspel, Kunsthistoriker und Architekt, Studium der Architektur und Stadtplanung in Stuttgart, sowie der Kunstgeschichte und Empirischen Kulturwissenschaften in Tübingen, 1982–91 Denkmalpfleger in Hamburg, seit 1992 Landeskonservator und Leiter des Landesdenkmalamtes Berlin.

STILLE ÖRTCHEN IM GROSSSTADTRAUM – EINE KONSERVATORISCHE VORBEMERKUNG

Unter den Kleindenkmalen der historischen Großstadtkultur erfreut sich in Berlin ein Straßenmöbel besonderer Popularität, dessen Zweckbestimmung gewissermaßen heiklen Geschäften gewidmet war. Neben historischen Straßenlaternen und Kandelabern, Feuermeldern und Hydranten oder auch Litfaß-Säulen genannten Anschlagsäulen und Reklametafeln sowie den – inzwischen ebenfalls von der Ausmusterung betroffenen und deshalb vom Aussterben bedrohten – historischen Fernsprechzellen, sind es vor allem die als „Café Achteck" bezeichneten alten öffentlichen Bedürfnisanstalten, die sich im Stadtbild von Berlin und im Bewusstsein der Berliner bis heute gehalten haben. Als Traditionsposten der besonderen Art scheinen sie stellenweise sogar wieder wachsenden Zuspruch zu erfahren. Offenbar dienen sie nicht nur einem elementaren und insoweit unabweisbaren körperlichen Grundbedürfnis, sondern erfüllen auch anhaltend ein historisch und kulturell geprägtes Schmuckbedürfnis oder eben einen besonderen Gestaltungsanspruch im öffentlichen Straßenraum. Als Konservator möchte man in der seit einigen Jahren zu beobachtenden Renaissance einiger denkmalgeschützter „Urinieranstalten" und „Klosettanlagen" sogar ein Zeichen einer neuen Sensibilität gegenüber der schleichenden Vernachlässigung und Verwahrlosung des öffentlichen Raumes registrieren.

„Waiting rooms" – kleine, aber feine Baulichkeiten?

Wenn nicht alle Anzeichen trügen, können öffentliche Bedürfnisanstalten aktuell nicht bloß auf eine vergleichsweise lange Tradition im Großstadtbild zurückblicken, sondern im Erscheinungsjahr dieser Veröffentlichung sogar auf ein bemerkenswertes Jubiläum. Jedenfalls war es im Februar des Jahres 1852, als in London zwei „public waitinq rooms", wörtlich übersetzt also zwei öffentliche Warteräume, den Betrieb aufnahmen. Sie boten gegen ein geringes Entgelt einem Bedürfnis

Erleichterung, das bis dato anderweitig seinen Lauf genommen oder sich eine Bahn gebrochen hatte. Nicht zuletzt aber gewährten die beiden schicklich nach Geschlechtern geschiedenen Pionieranlagen in der bedeutendsten Metropole des 19. Jahrhunderts erstmals auch eine höchstmoderne und höchstkomfortable Entsorgungslösung - waren sie doch mit Wasserspülung und Kanalisationsanschluss versehen, also mit all den sanitärtechnischen Schikanen, wie sie selbst im zeitgenössischen Wohnungsbau der Weltstadt noch eher die Ausnahme von der Regel außer Haus gelegener Aborte sowie zugehöriger Tonnen- und Grubensysteme oder gar offener Abwasserrinnen darstellten.

Das Gesundheitsgesetz, der Public Health Act 1848, hatte ja gerade erst die Londoner Bauherren zur Einrichtung von Toiletten in allen Neu- und Umbauten verpflichtet. Der Anstoß zur Einrichtung und Unterhaltung öffentlicher „water closets" oder eben WC-Anlagen war von einer Herrenrunde, der „Society of Arts und Public Conveniences", ausgegangen, die in Sorge um Hygiene, Ansehen und Aussehen der Hauptstadt des britischen Empire unter dem Eindruck der großen Londoner Weltausstellung 1851 einen Aufruf zur Einrichtung und Unterhaltung sich selbst finanzierender WC-Häuschen veröffentlicht hatte. Sie warb um private Anleger für eine finanzielle Beteiligung an dem Vorhaben

London, aufwändige unterirdische Bedürfnisanstalt
Be- und Entlüftungseinrichtungen sind in den Säulen der Lampen verborgen

und um politische Unterstützung, etwa Vergünstigungen bei Abgabe des öffentlichen Straßenlandes und regelmäßige Polizeikontrollen vor Ort, um an den stark frequentierten Straßen und Plätzen WC-Anlagen, Urinale und Waschgelegenheiten gegen Benutzungsgebühren einzurichten – am besten paarweise gegenüberliegend für Frauen und Männer.

Im Unterschied zu den über Wasserleitungsnetze versorgten und über Kanalisationsnetze entsorgten Spülklosetts im Massenwohnungsbau, die sich seit der Mitte des 19. Jahrhunderts ausgehend von London rasch im großen Maßstab in allen bevölkerungsreichen Städten des Kontinents durchsetzen sollten, erlitt das Londoner Modell öffentlicher Bedürfnisanstalten gewissermaßen Schiffbruch, zumindest was das ökonomische Kalkül der Unternehmer betraf, die hoch verschuldet noch im Jahr 1852 ihre „public waiting rooms" schließen mussten und dieses besondere Geschäft den Kommunalbehörden und der Stadttechnik überließen, die später ein Netz unterirdischer Bedürfnisanstalten aufbauen und in öffentlicher Regie betreiben sollten.

Berliner Pionieranstalten

„Ach lieber Vater Hinckeldey,
mach uns für uns're Pinkelei
doch bitte einen Winkel frey."

Wie das Londoner Pilotprojekt erahnen lässt, war die Einrichtung öffentlicher Bedürfnisanstalten nicht bloß ein sanitäres und sittliches oder technisches und bauliches Phänomen, sondern in der Anfangsphase – und eigentlich bis heute – immer zugleich ein gewisses ökonomisches Problem. Jedenfalls drehte sich die aktenkundig bis ins Jahr 1838 zurückreichende Vorgeschichte der Berliner „Urinoirs" immer auch um leidige Finanzfragen. Die königliche Polizei glaubte sich wohl am Ziel, als sie 1854 mehrere Fliegen mit einer Klappe schlagen wollte und dem Buchdrucker Ernst Litfaß eine Konzession für die Aufstellung von 180 Anschlagsäulen oder eben Litfaß-Säulen erteilte, von denen 50 zugleich als Pumpenumhüllung und 30 als Pissoirumhüllung fungieren sollten. Und das als Lithographie verbreitete Werbeblatt für das

Pfannenklosett, mit Handpumpe zum Nachfüllen des Spülkastens
Ein wenig hygienischer WC-Typ, von etwa 1790 bis zum 2. Weltkrieg verbreitet

neue Stadtmöbel reimte denn auch eine vielsagende Offerte, um begehbare Anschlagsäulen als Schutz- und Hohlraum um das stille Örtchen dem Publikum näher zu bringen:

„Was Noth thut zu so mancher Zeit,
Nicht guth sich thut mit Offenheit
und weh thut durch Versäumlichkeit,
Das thut gar wohl in Heimlichkeit."

Die Realität strafte die Wortkünste des Werbetexters und die Finanzierungskünste der Vertragspartner freilich schnell Lügen. Im Juli 1855 gingen 100 Anschlagsäulen und 50 Pumpenumhüllungen in Betrieb, während die gutgemeinten Pissoirverkleidungen nicht zustande kamen.

Die ein Jahr später in Berlin eingeleiteten ersten Schritte zur planmäßigen Einführung einer geregelten und leistungsstarken Entwässerung in Verbindung mit einer allgemeinen Hauswasserversorgung sollten grundlegend verbesserte Voraussetzungen zur Realisierung des jahrzehntelang diskutierten Vorhabens schaffen. Eine 1860 nach London und Paris entsandte Berliner Delegation brachte auch die neuesten Erkenntnisse auf dem Gebiet der Stadtentwässerung und Großstadthygiene von ihrer Studienreise mit. Noch vor der Reichsgründung erblickten schließlich die ersten Stehanstalten – mit

Wasserspülung und Glasdach versehene Eisenkonstruktionen über annähernd ovaler Grundform – auch in Berlin das Licht des öffentlichen Raumes, zunächst am Askanischen Platz (1863) als sogenanntes zweiständiges Pissoir, später auch an anderen zentralen Orten und seit 1879 als rationelle Maximallösung sogar mit sieben Stehplätzen in achteckigen Bedürfnisanstalten, im Volksmund Café Achteck genannt.

Im Jahr 1876 standen 56 private Bedürfnisanstalten im Berliner Stadtgebiet. Drei Jahre später erhielt das erste Privatunternehmen die Erlaubnis zur Einrichtung von getrenntgeschlechtlichen Bedürfnisanstalten mit Klosettanlagen und Toilettenraum, die ebenfalls auf einer achteckigen Grundform aus vorgefertigten Gusseisenelementen montiert waren und unter der Bezeichnung Rotunde bekannt werden sollten. Im Jahr 1906 gingen alle einschlägigen Anstalten in öffentliche Regie über, und 1911 verfügte allein Berlin über rund 180 zwei- bis elfständige Pissoirs – darunter fast 140 siebenständige Anlagen in der Café Achteck genannten Grundform – und etwa 100 Klosettanlagen. Auch in den damals expandierenden Nachbarstädten, wie Charlottenburg oder Schöneberg, sollten sich die Berliner Gusseisentypen der Kaiserzeit, insbesondere die Achteckvarianten für die männliche Notdurft, als ausgesprochene Renner erweisen und verkehrsgünstige Straßen und Plätze markieren.

Café Achteck – vom Erfolgsmodell zum Auslaufmodell

Ihrer weiten Verbreitung und gewissermaßen marktbeherrschenden Stellung im Berliner Großstadtraum zum Trotz galten Rotunde oder Café Achteck vor dem Ersten Weltkrieg nicht unbedingt oder jedenfalls nicht an jeder Stelle als Ausweis guten Geschmacks im "urban design" der Kaiserzeit. Sie verkörperten zahlenmäßig eher einen erfolgreichen Prototypen, denn einen architektonischen Idealfall zur Hebung der Stadthygiene und Veredelung oder auch nur zur Verschönerung des Stadtbildes. Eine der Zweckbestimmung – die als eher peinlich empfunden und nur im Vorübergehen wahrgenommen wurde – angemessene Gestaltung der Kleinstanstalt, die sich zugleich in die Umgebung einfügen und für den Fall aller Fälle auch auffallend genug wirken sollte, war insbesondere für prominente Standorte nur schwer zu finden. Schon die Mitglieder des 1824 gegründeten Berliner Architektenvereins hatten sich seit der Jahrhundertmitte mehrfach mit eigenen Entwürfen an der neuen Bauaufgabe versucht und dabei eine ganze Palette von historisch inspirierten Lösungsansätzen entwickelt: Holzbauten in spätklassizistischer Haltung oder mit Tempelmotiven aufgewertete Putzbauten in antikisierender Tradition und – seit den Gründerjahren vermehrt – auch zeltartige, mit aufgesetzten Dekorationselementen verzierte Eisenpavillons in Fertigteilbauweise zeugen von einer unerwarteten baukünstlerischen Zuwendung zu einer heute eher gering geschätzten Entwurfsaufgabe, um nicht zu sagen geradezu "niedrigen Baugattung".

Spätestens die Jahrhundertwende sollte auch das Ende der Serienproduktion von Rotunde oder Café Achteck einläuten. Die Typenware der gusseisernen Bedürfnisanstalten galt als überholt und reformbedürftig. Es waren architektonische oder stadtgestalterische Vorbehalte, die einer Fortführung der Norm- und Montagebauweise im historistischen Dekorationsstil entgegen standen. Dem gewandelten ästhetischen Empfinden und Materialempfinden galten die im Stil der Neorenaissance veredelten oder verkleideten Gusseisen-Pavillons als unzeitgemäß oder als eine Art Vortäuschung falscher Tatsachen, die einer funktions- und materialgerechten Gestaltung Platz machen sollten. Hinzu trat das Ziel einer Funktionsanreicherung beziehungsweise Mehrfachnutzung, die anstelle einer Streulage von Pissoirs, Wartehallen, Verkaufständen, Trinkhallen, Uhren- und Informationssäulen an jeder Straßenecke eine Kompaktlösung erstrebte, um eine geschlossenere Wirkung im Stadtraum zu erzielen.

Überwiegend handelte es sich um langlebigere Massivbauten, häufig in Kombination mit Kiosken, Blumenläden, Zeitungsständen, Fahrkartenschaltern oder Wartehäuschen, an stark frequentierten Platz- und Straßenräumen oder Grünanlagen errichtet. Hölzerne Blockhäuschen oder Fachwerkhäus

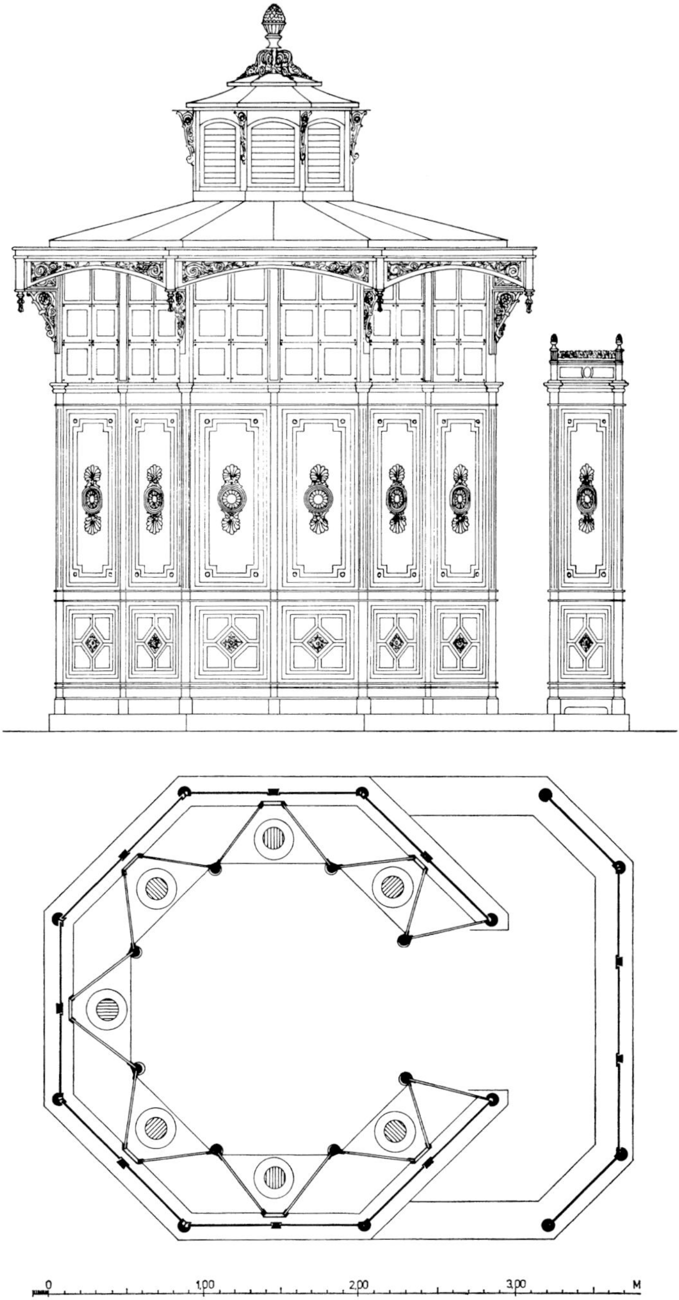
0
1,00
2,00
3,00
M

chen, wie sie in der Art von Garten- oder Teepavillons häufig in oder am Rande von öffentlichen Park- und Grünanlagen entstanden, massive Sichtziegelbauten mit Anklängen an die Heimatschutzarchitektur oder als moderne Zweckarchitektur im Stil der Neuen Sachlichkeit und kleine säulengeschmückte Putzpavillons deuten ein nuancenreiches Gestaltungsrepertoire an. So konnte der öffentliche Lokus den Publikumserwartungen Rechnung tragen. Das Spektrum reichte von tempelartigen kleinen Zentralbauten in Oktogonal- oder Rundform, über mit Schnitzwerk verzierte Miniaturgebäude im Landhaus- oder Schweizerhausstil, abschirmende und zugleich einladende Arkadenstellungen oder Pergolenmotive sowie vereinzelt auch exotisch fremd oder geradezu herrschaftlich repräsentativ anmutenden Lösungen bis hin zu eher technisch schlicht gehaltenen Beispielen oder elegant geschnittenen Flachdachentwürfen im Sinne des Neuen Bauens der Zwischenkriegsmoderne.

Nach dem Ersten Weltkrieg setzte sich der Siegeszug der Großstadthygiene vor allem in den Außenbezirken und Stadterweiterungsgebieten fort – und setzte mit dem Bau von Mehrzweck-Bedürfnisanstalten an Straßen und Plätzen auch ein sichtbares architektonisches Zeichen. Bald als Schmuck und Zierde im Stadtraum, bald auch als modernes Fortschrittssignal der Stadttechnik ausgelegt, verliehen die Toiletten dem Geist der Zeit und des Ortes sinnfälligen Ausdruck. Dies gilt zumindest dort, wo die Kleinbauaufgabe in der Regie der öffentlichen Hände entstand oder gar die Entwürfe der Hand der örtlichen Stadtbaumeister entstammten, also immer auch dem Selbstbewusstsein der Auftraggeber als kleinstmögliche öffentliche Wohlfahrtseinrichtung architektonisch Rechnung tragen sollten.

Andernorts verschwanden die Bedürfnisanstalten scheinbar gänzlich aus dem Stadtraum oder machten aus der sichtbaren Gestaltungsnot an stark frequentierten Verkehrs- und Freiflächen eine unsichtbare Tugend. So wurde erstmals 1910 einer der ältesten Urinale im empfindlichen Hoheitsbereich der Spreeinsel durch eine Untergrund-Toilette an der Schlossbrücke neben dem Zeughaus ersetzt, um den heiklen Vorgang den Blicken und Nasen des Publikums weitgehend zu entziehen. Die Bautätigkeit der damals sechs Innenstadtbezirke von Berlin orientierte sich seit der Zwischenkriegszeit an dem Vorbild anderer europäischer Großstädte, nicht zuletzt dem Londons, und vermied generell oberirdische Neuanlagen zugunsten einer unterirdischen Lösung. Dazu boten neben dem Ausbau der U-Bahnlinien, auch neue Tief- und Hochbaumaßnahmen reichlich Gelegenheit.

Die Bautätigkeit der Nachkriegsjahrzehnte folgte weitgehend den bereits in der Zwischenkriegszeit angelegten Entwicklungslinien, oftmals freilich unter Verzicht auf eine Wiederherstellung kriegsbeschädigter älterer Anlagen. Zunehmend verloren gingen bis in die frühen 70er Jahre vor allem die gusseisernen Anstalten der Kaiserzeit, also Café Achteck bzw. Rotunde. Im Jahr 1968 vermeldeten die Statistiken im Westteil von Berlin noch 37 Gusseisen-Pavillons. Die gelegentlich als „Nostalgie-Welle" bezeichnete Wiederentdeckung und Neubewertung des 19. Jahrhunderts verschafften auch den Gründerzeitantiquitäten unter dem Berliner Stadtmobiliar mehr öffentliche Aufmerksamkeit und schließlich sogar ein verstärktes öffentliches Interesse. Initiativen zur Sammlung und Präsentation historischer Pumpen, Feuermelder, Laternen und Bedürfnisanstalten in einer Art Freilichtmuseum oder erste konservatorische Vorstöße zur Sicherung des historischen Kulturguts an den Berliner Straßen datieren ebenfalls aus diesen Jahren. Dennoch sollte sich die Verringerung des Bestandes durch korrodierende Konstruktionen, durch allgemeine Unachtsamkeit oder ästhetische Geringschätzung sowie durch Modernisierungen des Stadtdesigns flächendeckend fortsetzen. Erhaltende Erneuerungsmaßnahmen waren bis Mitte der 90er Jahre eher die Ausnahme von der Regel einer immer länger werdenden Verlustliste.

Renaissance der Altberliner „P.P.-Variante"?

Die nach dem Mauerfall eingeleitete Privatisierung der bis dahin von der "Berliner Stadt-Reinigung" betriebenen öffentlichen Bedürfnisanstalten eröffnete auch die Chance zur wirtschaftlich und hygienisch vertretbaren "Revitalisierung" einer denkmalwerten Auswahl dieser berlintypischen Pissoirs. Zu den Pilotprojekten einer erfolgreichen Instandsetzungs- und Sanierungsmaßnahme, wie sie als Modell in der Folgezeit Schule machen sollte, zählt die weitgehend aus dem historischen

Bestand am überlieferten Standort und in der angestammten Funktion erfolgte ergänzende Wiederherstellung und Modernisierung eines Café Achteck am Chamissoplatz. Die Kreuzberger Bedürfnisanstalt aus der Bauserie "Waidmannlust", die aus dem Jahr 1879 und damit sozusagen noch aus der ersten Generation der stadthygienischen Modernisierung unter Leitung von Stadtbaurat James Hobrecht stammt, zählt zu den meistverbreiteten historischen Gusseisen-Typen-Anstalten auf Berliner Stadtgebiet, von denen knapp 20 unter Denkmalschutz stehen. Allein Kreuzberg verfügt noch über fünf denkmalgeschützte historische Pissoirs. Die denkmalgerechte Ergänzung von Fehlstellen und die Ausbesserung schadhafter Teile sowie eine wartungsfreundliche Erneuerung der Sanitärtechnik lieferte gleichsam restaurierungstechnisches Referenzmaterial für eine Reihe von Folgeprojekten, die nicht zuletzt dank des großen Engagements der international tätigen Wall AG mit Sitz in Berlin wiederhergestellt und in Betrieb genommen werden konnten.

Wie sehr das öffentliche Erhaltungsinteresse mehr als hundert Jahre nach der Einführung der historischen Stehanstalten die Gemüter in Berlin noch oder wieder erregte, machen die zahlreichen Senatsdrucksachen und parlamentarischen Anfragen aus dem Abgeordnetenhaus und den Bezirksgremien sowie Bürgereingaben an den Petitionsausschuss deutlich. So führte etwa eine Senatsantwort 1998 im Hinblick auf das demontierte, weil bei der Kunstgießerei Lauchhammer "in restauro" gegebene „historische, denkmalgeschützte und gasbeleuchtete Café Achteck" am Chamissoplatz im schönsten Amtsaltdeutsch aus: „Im Rahmen einer Okularinspektion haben sich der für Denkmalschutz zuständige Senator und seine für Denkmalschutz zuständigen Geschlechtsgenossen von der technischen Notwendigkeit eines Abschieds vom 'Gaslaternenzeitalter im Café Achteck' überzeugt. Der Senat bekennt sich zu der Erhaltung und sinnvollen Nutzung der denkmalgeschützten Café Achteck und empfiehlt den Bezirken, das Beispiel der denkmalverträglichen betrieblichen Instandsetzung des Café Achteck am Chamissoplatz nachzuahmen."

Konkurrenzentwurf zum Cafe Achteck
Anonym, 1877, Plansammlung der Technischen Universität Berlin

Tatsächlich sind seitdem schon rund ein Dutzend gusseiserne Stehanlagen restauriert und reaktiviert worden, darunter die Toilettenhäuschen am Senefelder Platz in Prenzlauer Berg, an der Karl-Marx-Straße in Neukölln oder das wegen drohender Verwahrlosung an den U-Bahnhof Mariendorf versetzte und am Altstandort Ringbahnstraße im Mosaikpflaster markierte Oktogon in Tempelhof. Im Durchschnitt belief sich der Instandsetzungs- und Modernisierungsaufwand auf über 100.000 Euro für jede historische Anlage. Inzwischen haben die Rotunden sogar einen epochalen Einbruch in die vormalige Männerdomäne der berüchtigten Steh-Café-Kultur zu verzeichnen. Das Café Achteck am Fellbacher Platz in Reinickendorf (Hermsdorf) tat den Schritt ins 21. Jahrhundert mit einer Umnutzung des Stehurinals, das jetzt noch zwei eingebaute Toilettenzellen mit Handwaschbecken Platz gibt und damit ein Örtchen für beide Geschlechter bietet.

Nicht zuletzt als Beitrag zur Stadtbildpflege und passenden Vervollständigung historischer Platz- und Straßenensembles hat sich das Berliner Traditionsmodell sogar als Muster für Neuanfertigungen im Sinne eines zeitlos zeitgemäßen Retro-Designs bewährt. Diese ergänzen zugleich die Palette moderner City-Toiletten im Berliner Stadtdesign um eine Altberliner Facette – und um eine bis vor wenigen Jahren vom Aussterben bedrohte „P. P."-Variante.

DIE ÄSTHETIK DES AUSTRETENS – BERLINS ÖFFENTLICHE TOILETTEN IM SPIEGEL DER STADTKULTUR

Thies Schröder

Studium der Landschaftsplanung. Seit 1987 als Autor und Journalist tätig, u. a. als Redakteur der Zeitschrift *Forum ökologischer Stadtumbau* (1992–95), *Stadtforum-Journal* (1992–95) und für *Garten+Landschaft*. Seit 1999 leitet er das Redaktionsbüro ts redaktion. Für den L&H Verlag arbeitete Schröder u. a. am Buch *Potsdam Grün*.

DIE ÄSTHETIK DES AUSTRETENS – BERLINS ÖFFENTLICHE TOILETTEN IM SPIEGEL DER STADTKULTUR

Die öffentliche Toilette – ein Widerspruch in sich? Entzieht doch die "öffentliche" Toilette als Gebäude, als Häuschen, als Stadtmöbel oder als Kellergewölbe das eigentliche Toilettengeschäft den Blicken der Öffentlichkeit. Die öffentliche Toilette ist gerade keine öffentliche, sondern eine höchst private Erledigung.

Was im antiken Rom noch Anlass für Begegnung und Gespräch war, wurde im Mittelalter zur kulturlosen Nebensache und später zum höchst intimen Vorgang. Den teilen sich manche Klositzer höchstens mit einem guten Buch. Doch die öffentliche Toilette mit kleiner Bibliothek ist bisher erst in Korea Wirklichkeit geworden. Toilettenbesuche außerhalb der eigenen vier Wände sind ein eher lästiges Problem. Häufig ist keine oder zumindest keine ansprechende Örtlichkeit zu finden.

Derzeit aber erlebt die öffentliche Toilette geradezu eine Renaissance. Mal im neuen Design, mal in denkmalpflegerisch saniertem altem Gewand sind die heute "City-Toilette" der Wall AG genannten Örtchen wieder ein lohnendes privates Investment geworden – als Werbeträger. Für dieses Produkt erhielt die Wall AG den "Breaking Barriers Award" der Europäischen Kommission für die Alltagstauglichkeit des Produkts City-Toilette. Alle City-Toiletten sind übrigens behindertengerecht.

Der Toilettenbetrieb selbst ist dabei ein Nebengeschäft. Das Geld fließt durch die Anbringungsmöglichkeit von Werbebotschaften. Das manch einer auf diesem Weg auch zur körperlichen Erleichterung findet, freut den Toiletten(be)sucher. Denn der findet im Berlin der Gegenwart wieder häufiger einen angemessen heimlichen und hygienischen "stillen Ort".

Nützlich sein muss ein solcher stiller Ort inmitten des Alltagslärms unserer Straßen, und ansehnlich. Die Hygiene ist die wichtigste Anforderung – schließlich basiert auf ihr das gesamte öffentliche Toilettenwesen. Doch wie vor annähernd 150 Jahren von Ernst Litfaß erdacht, ist es erst das doppelte

Geschäft aus öffentlicher Bedürfnisanstalt Toilette und öffentlicher Bedürfnisweckung Werbefläche, das eine solide ökonomische Basis bietet.

Schon Litfaß hatte erkannt, dass man zwischen dem abzuschirmenden stillen Ort und dem öffentlichen Raum durchaus ein Werbeplakat hängen kann. Realisiert jedoch wurde diese Litfaß-Idee Mitte des 19. Jahrhunderts nicht. Stattdessen trennte man schon damals die Funktionen. Toilette blieb Toilette, die Litfaßsäule wurde zu dem, als das sie heute bekannt ist, nämlich zur Werbesäule.

Für die Ökonomie der öffentlichen Toilette war diese Trennung fatal. Egal, ob Mitte des 18. Jahrhunderts in Hamburg Frauen und Männer mit Eimern und Pelerine herumliefen, um Bedürftigen gegen Entgelt mitten auf der Straße eine Möglichkeit zur Erleichterung zu bieten, oder ob die "Buttenmänner" in Wien zu Beginn des 19. Jahrhunderts an öffentlichen Plätzen "Butten" bereithielten, mit einem Loch-Brett bedeckte Kästen, bei deren Benutzung die Passanten mit weitem Mantel abgeschirmt wurden, oder aber ob man später die Toiletten-Gelegenheiten fest installierte – letztlich blieb immer denen ein schlechtes Geschäft, die allein von einem solchen leben wollten.

Die fürsorgliche Stadt

Logisch, dass mit dem öffentlichen Toilettenwesen auch die Frage nach der öffentlichen Finanzierung der Aborte entstand. Die fürsorgliche Stadt brauchte nun die Steuereinnahmen ihrer Bürger, um diesen die Annehmlichkeiten einer fürsorglichen Ausstattung – mit Toiletten ebenso wie mit Stadtparks, mit öffentlicher Wasserver- und -entsorgung und Müllabfuhr – bereitstellen zu können.

Diese "Versorgung" als öffentliche Aufgabe war eigentlich kein stadtwirtschaftliches, sondern ein stadthygienisches Ziel. Was einst Rinnsteine und ab Mitte des 19. Jahrhunderts die Kanalisation in der expandierenden Stadt zu leisten hatten, war nicht vordringlich an einem schönen Straßenbild ausgerichtet, sondern diente der Gesundheit und Überlebensfähigkeit der Stadtbewohner.

Ernst Consentius beschreibt in seinem Buch "Alt-Berlin" die Art der Entsorgung von "Unflath" um 1740: „Jeden zweiten Tag musste der Bürger vor seinem Haus kehren, ‚bis auf die Mitte des Stein-Dammes zu'; hatte ‚bey trockener Zeit', im Sommer, ‚vorhero mit Wasser zu sprengen' und musste ‚das Gekehrte über den Rönnstein nach den Häusern hin zusammen bringen lassen, weil sonst der Kehricht, wenn er auf dem Damm verbleibet, wieder von einander gefahren' würde. Durch die Quartiere wurde es jedes Mal angesagt, dass die Straßen zu fegen wären, und dass die achtundzwanzig Pferdekarren, welche für die ganze Stadt reichten, den ‚Koth' abholen würden. Kam dann der Gassenmeister mit seinen Karrenknechten und den Aufladern, so sollte ‚erlaubet seyn, Müll und Kehricht aus den Häusern auch auf die Karren zu werfen, keinesweges aber wird hierunter Unflath oder Schutt verstanden'. Den Unflat, den ‚Nacht-Stühle und Töpffe' bargen, mussten ‚die Eigenthümer selbst wegschaffen'. Noch nicht bei allen Häusern war ‚Gelegenheit vorhanden', eigene ‚Secreter' anzulegen. Und weil man gemerkt, dass sich's die Bürger ‚durch Ausgiessung der Nacht-Stühle' auf den offenen Straßen, den Märkten und Plätzen sehr bequem machen wollten, weil mancher nicht daran dachte, ob ein ‚heßlicher Gestanck' danach die Stadt durchzöge, so musste der Magistrat ‚gewisse Weiber halten, so ihren Lohn wöchentlich bekommen, und solche Unreinigkeiten wegtragen'.

Auf jeden Fall sollten die Gassen sauber bleiben. ‚Zur Ausgiessung der Nacht-Stühle' waren bestimmte ‚Oerter angewiesen, nemlich in Berlin bey dem Bau-Hof vorbey durch den Bogen nach der Spree; in Cölln, durch die Fischer-, Roß-, Grün- und Lapp-Straßen, und sonst bey Vermeidung schwerer Bestrafung sich niemand unterstehen, dergleichen in der Gegend des Königlichen Schlosses, wie auch in den Canal der Schleuse, oder von den Brücken ins Wasser zu tragen und auszugießen, bey Strafe von 6. Gr.' Es verstand sich von selbst: nur zur ‚Nacht-Zeit' durfte dieses Geschäft verrichtet werden, und ‚nicht am Ufer oder Rande des Spree-Strohms' sollten die Nachttöpfe, ‚besondern gantz tieff ins Wasser gebracht, und ausgegossen werden', ‚damit der Unflat nicht beliegen bleibe, besondern vom Strohm sogleich mit fortgeführet werden'. Solche Ordnung brachte Berlin bei den Fremden das Lob einer sauberen und reinlichen Stadt." (Consentius 1907)

Das Ende der Nachttöpfe

Es mehrten sich im folgenden Jahrhundert jedoch die Stimmen, die nicht mehr von einem reinlichen Berlin sprechen, sondern von „sehr kothigen und schlüpfrigen Wegen". Mit dem starken Wachstum der Stadt im 19. Jahrhundert nahmen die gesundheitlichen Probleme zu. Eine geordnete Abwasserbehandlung wurde notwendig. Der berühmte Mediziner und Politiker Rudolf Ludwig Karl Virchow (1821-1902) setzte Akzente in Sachen des kommunalen Krankenhauswesens, der Hygiene sowie im Kanalisationsbau. In einem Gutachten zur Einführung der Kanalisation schrieb Virchow 1868: „Staat und Stadt erhalten ihren Wert nur durch die Menschen und ihre Arbeit. Aller Reichtum, alle Bedeutung der Stadt wie des Staates beruht in letzter Instanz auf der Tätigkeit ihrer Bewohner. Kann es daher einen größeren Verlust geben als den Verlust an Menschenleben? Man braucht sich gar nicht auf den humanen oder christlichen Standpunkt zu stellen, rein volkswirtschaftlich betrachtet, sind Krankheit und Tod für die Familie wie für die Gemeinde und den Staat Unglücksfälle.

Sie soweit als möglich fernzuhalten ist eine der ernstesten Aufgaben, welche nur da verkannt werden kann, wo Menschenleben überhaupt nichts Wert sind. [...] Der Staat, welcher die allgemeine Bildung anstrebt, sollte auch die allgemeine Gesundheit anstreben. Erst Gesundheit, dann Bildung. Kein Geld ist rentabler angelegt als dasjenige, welches für die Gesundheit aufgewendet wird."

Gemeinsam mit dem Ingenieur James Hobrecht (1825-1902), der mit seinem berühmten Hobrecht-Plan von 1861 die Stadtentwicklung an den Bau der Kanalisation band, war Virchow federführend für die mustergültige und zukunftsweisende soziale und hygienische Stadtentwicklung Berlins. Weitere Mitstreiter waren dabei: Friedrich Eduard Salomon Wiebe (1804-1892), der sich neben dem Eisenbahnbau um die Verbesserung von Kanalisation und Gesundheitstechnik kümmerte, August Leopold Crelle (1780-1855), der sich als

Mathematiker und Ingenieur schon ab 1840 für eine geordnete Wasserversorgung und Kanalisation engagierte und einen Grundstein für die Arbeit Virchows legte, sowie Carl Arnold Marggraff (1834-1915), Apotheker in Berlin und als Stadtrat in Zusammenarbeit mit Virchow und Hobrecht verantwortlich für den Bau der Entwässerungsanlagen und die Rieselgüter. Städte wie Danzig, Frankfurt a.M., Breslau, Königsberg, Basel, Triest, aber auch Moskau, Alexandria, Kairo und Tokio nutzten das umfangreiche Berliner Wissen im Kanalisationswesen.

Auch die ersten öffentlichen Toiletten, um die sich der Berliner Polizeipräsident Ernst Hinckeldey Mitte des 19. Jahrhunderts bemühte, stammen aus dieser Phase. „Nun gibt es also in der That, wie heute allgemein anerkannt wird, gewisse Bedürfnisse eines großstädtischen Publikums, welche auf den öffentlichen Straßen befriedigt sein wollen und auf denselben in geregelter, den Anstand und die Ordnung nicht verletzender Weise nur durch Herstellung öffentlicher Einrichtungen befriedigt werden können." Hinckeldey formulierte 1838 neue Ziele, und tatsächlich wurde Berlin einige Jahrzehnte später mit Wasserklosett und Kanalisation zu einer der vorbildlichen Städte im Bereich der Hygiene und der gesundheitsorientierten Stadtentwicklung.

Die Toilette: Mobiliar oder Infrastruktur?

Nachdem die Regulierung des Abort-Angebotes mittels Pelerinenmännern und privater Nachttopfentsorgung an den erheblichen sozialmedizinischen Folgeproblemen gescheitert war, übernahm die öffentliche Hand für annähernd einhundertfünfzig Jahre dieses Geschäft und führte es zu neuen stadträumlichen Dimensionen. Hygienische Gründe sprachen für diesen Weg, denn die privatwirtschaftlichen Lösungen funktionierten schlicht nicht. Aus einem einfachen Wirtschaftskreislauf – „klein" gegen ein kleines Entgelt, das „große Geschäft" war etwas teurer – wurde nun ein öffentliches Bedürfnis, dessen öffentliche Regelung der öffentlichen Hand oblag.

Während dieser Zeit wurde auch das Toilettenhäuschen funktionalisiert. Architekten und Planer widmeten sich der Aufgabe anfangs als gestalterische Herausforderung, später als

Ordnungsaufgabe. Zunehmend verschwanden die öffentlichen Toiletten unter die Erde, wurden seit dem 20. Jahrhundert dann U-Bahnstationen angegliedert oder in eigens gegrabene Keller gelegt. Im Stadtbild wurde nun zwischen sichtbaren und unsichtbaren Funktionen unterschieden. Der unterirdische, unsichtbare Bauch der Städte wuchs an.

Heute erweist sich die Tiefbaukultur als ein Segen, was Kanalisationen, Versorgungsleitungen und teils auch Verkehrswege betrifft. Doch die Übertreibungen der funktionsgetrennten Stadt der Moderne werden vorsichtig wieder zurückgenommen. Fußgängertunnel gelten als nicht mehr zeitgemäß. Der Flaneur gehört offen sichtbar an die Stadtoberfläche. Und mit ihm taucht auch die Toilette immer häufiger wieder aus den Tieflagen auf. Die Strategie, den Toilettenbesucher möglichst in Richtung der Kanalisation hinunterzuleiten, die Toilette also vom Stadtmöbel zum Teil der Stadterschließung zu machen, erwies sich als falsch.

Die Wertschätzung der öffentlichen Toiletten hatte parallel zur Eingliederung dieses „Geschäftes" in die privaten Räume immer mehr abgenommen; und viel bezahlen wollte man für dieses in der bürgerlichen Gesellschaft zur Peinlichkeit geratenen Bedürfnis schon gar nicht.

Die Litfaß-Idee kehrt zurück

Das System des Fürsorgestaates ist heute sichtbar an Grenzen geraten. Das lässt sich nicht nur am Zustand der öffentlichen Toiletten ablesen. Wenn Einkünfte immer globaler privatisiert werden und Steuern für die einzelne Stadt immer weniger anfallen, muss auch das Toilettengeschäft wieder privatisiert werden. Das Stadtbild der Ver- und Entsorgung mit öffentlicher Kanalisation und öffentlichen Toiletten wird um neue, selbstreinigende und DIN-genormte Automatiktoiletten erweitert.

Das erneute Auftauchen der Stadttoiletten ist allein schon deshalb notwendig, weil die neue Phase des privatwirtschaftlichen Betreibens öffentlicher Toiletten ihre Sichtbarkeit voraussetzt – nicht so sehr um sie im Notfall schnell zu finden, sondern weil sie eben beides sind: Orte der Stoff- wie der Warenzirkulation. Eine Toilette ohne Werbebotschaft wird zum konservatorischen Luxus an ausgewählten geschichtsträchtigen Orten.

Der neuen Sichtbarkeit der Toiletten kommt entgegen, dass derzeit alle Intimitäten gesellschaftlich erneut enttabuisiert werden. Deshalb ist es möglich, die öffentlichen Toiletten als Stadtmöbel wieder selbstbewusst vorzuzeigen.

Zwar ist es eine große Errungenschaft der Neuzeit, das Toilettengeschäft in den privaten Rahmen verlegt zu haben: Innenklo statt Außenklo, jede Wohnung mit Toilette und Bad und die Reste mit der Wasserspülung in die Kanalisation statt in die Sickergrube vor der Tür oder mit dem Nachttopf aus dem Fenster gekippt. Erst mit diesen Fortschritten konnte die „öffentliche Toilette" vom öffentlichen Vorgang des reinigenden Entleerens zum städtischen Möbel werden, das auf öffentlichen Straßen und Plätzen auf die wartet, die nicht nur in ihren eigenen vier Wänden bleiben, aber auch nicht auf die Straßen pinkeln möchten. Die Toilette wurde so erneut zum Architekturobjekt im Stadtbild – und erstmals auch zum modernen Design-Objekt.

Toiletten-Kultur

Die Toilette ist heute nicht nur lästiges Geschäft, sondern auch Kult. Das stille Örtchen wird vermehrt wieder zum Gegenstand und zum Ort des Gesprächs. „Wenn jeder sechs mal am Tag dahin geht, warum sollte man nicht darüber reden?" Dies ist das Motto des ersten Welt-Toilettengipfels, zu dem vor kurzem nach Singapur eingeladen wurde. Gefordert wird die Entwicklung einer globalen Toilettenkultur.

Die Chance einer solchen Toilettenkultur liegt in der Entwicklung der Werbewirtschaft. Die Stadthygiene ist eher Nutznießer als neuer Antrieb. Denn das aktuelle Zauberwort der Werbetreibenden heißt: „ambient media". Seit der überfütterte Werbekunde die Anzeigen in Zeitschriften einfach nur überblättert, die Werbespots im Fernsehprogramm wegzappt, muss die Werbung dahin gehen, wo der Empfänger der Botschaft nicht ausweichen kann: zum Beispiel auf der Toilette. In Gaststätten wird inzwischen auf den Toiletten für Dauerwurst (BiFi) ebenso geworben wie für Zigaretten, für Schuhe oder für Parfüm. Schließlich ist dort die Aufmerksamkeit der Toilettennutzer sicher.

Seit die Werbung die Toilette wiederentdeckt hat, geht es auch mit den öffentlichen Toiletten wieder aufwärts. Noch ist zwar die Berliner Toilettenlandschaft als Kultur- und Kultort noch nicht so entwickelt wie es beispielsweise die Unisex-Toilette vormacht, die in der us-amerikanischen Fernsehserie „Ally Mc Beal" zum dramaturgisch wichtigsten Ort wurde. Immer wenn die Handlung schleppend wird, inszeniert der Regisseur ein Zusammentreffen der Geschlechter auf der Toilette.

Dieses Medienspiel mit dem Tabubruch kam beim Zuschauer so gut an, dass sogar im Deutschen Bundestag zu einer Ally Mc-Beal-Party eingeladen wurde. Doch der Gastgeber, MdB Hüppe, beruhigte: Eine Unisex-Toilette als neuer Ort für Koalitionsgespräche sei im Deutschen Bundestag nicht geplant.

Andere greifen das Toiletten-Thema offensiver auf. Toiletten werden heute nicht mehr länger als Gemeinplatz für Abfall und Schmutz gesehen, sondern als ein Rückzugsort für geistige Entspannung und zum Aufladen der Batterien, verkündet Jack Simm als Veranstalter des Welt-Toilettengipfels in Singapur. Daher fordert er dazu auf, zu neuen Designlösungen zu kommen, die dieser Wertschätzung der Toiletten gerecht werden. Doch Simm weist auch darauf hin, dass zu Beginn des 21. Jahrhunderts immer noch 40 Prozent der Weltbevölkerung keinen Zugang zu Toiletten mit Wasserspülung haben – weder privat noch öffentlich.

Sozialpolitiker, Medien und Architekten haben das Thema Toilette für sich wiederentdeckt. International renommierte Architekten gestalten heute die Toiletten als Stadtmöbel. Für die Wall AG arbeitet einer der führenden Berliner Architekten, Josef Paul Kleihues, an Stadtmöbeln der Serie „Streetline", deren Gestaltung auf einem „sphärischen Dreieck" basiert. Verkauft wird diese Design-Linie von Berlin aus inzwischen bis nach Boston. Star-Designer Philip Starck, der vom Auto bis zur Zahnbürste so ziemlich alles einer Design-Auffrischung unterzogen hat, macht auch vor der Klokultur nicht halt. Er entwarf für die Design-Firma Alessi eine eigene Sanitärlinie mit speziellem Schwung. Der Londoner Architekt Lord Norman Foster, in

Deutschland vor allem durch den Umbau des Berliner Reichstags mit der markanten gläsernen Kuppel bekannt, gestaltet auch nobel-funktionale Toilettenschüsseln. Die Klos des Deutschen Bundestages dagegen sind eher schlicht als bemerkenswert neuartig.

Anders in einigen Berliner Restaurants, die auf ihre Klokultur so großen Wert legen, dass sie sich gerne in die Becken gucken lassen. Eine Stilfrage. Die aber heute nicht mehr verschämt umschrieben, sondern selbstbewusst hervorgehoben wird. Die Designtoilette wird zum Ausweis luxuriösen oder avantgardistischen Geschmacks und Lebensstils.

„Sanitärräume sind ebenso repräsentativ wie das Foyer", meint ein Berliner Lifestyle-Magazin. Und stellt fest, dass der Toilette heute wieder „mehr Respekt gezollt wird." Korinthische Säulen im Restaurant Tucher am Pariser Platz erinnern an die antike Toilettenkultur, die schon in Griechenland weit entwickelt war. Und im Stilwerk in der Kantstraße, Berlin-Charlottenburg, empfindet die Journalistin gar eine „fast sakrale Atmosphäre". „Hier plätschert das Wasser in eine weiße ovale Schale wie in ein Taufbecken und die grün-braune Mosaikwand im Hintergrund könnte sogar eine der Kirchen des frühen Mittelalters in Ravenna zieren."

Die Toilette wird heute wieder zum Gegenstand elegischer Schwärmereien. Eine neue Innerlichkeit wird im Stadtbild äußerlich sichtbar, die öffentlichen Toiletten werden Teil einer „Wellness"-Orientierung der Stadtentwicklung.

Aus den Rinnsteinen, den Café Achtecks, den unterirdischen Funktionstoiletten ist heute ein neuer Typ der öffentlichen Toilette geworden: DIN-zertifiziert und ästhetisch aufgewertet. Ob aber alle öffentlichen Toiletten eine Werbung für Berlin sind, wurde für dieses Buch getestet. Orientieren Sie sich an den Testberichten zur Toilettensituation von Köpenick bis Spandau, am Ku'damm wie in Mitte.

WC
Wall
UHREN JUWEL

Rachel Nissen

Geboren in Hamburg. Lebt seit 20 Jahren in Berlin-Kreuzberg. Arbeitete als OP-Schwester und Tänzerin, kam durch das Studium der Theaterwissenschaften, Romanistik und Publizistik zum Fernsehen und zur Werbung. Schrieb unter anderem Drehbücher, Kritiken und Gedichte.

Reiner Elwers

Geboren 1954 in Hamburg. Nach dem Studium der Publizistik langjährige Tätigkeit als Lektor in einem Verlag für Berlin-Brandenburger Regionalliteratur. Arbeitet heute als freier Reisejournalist und Buchautor. Im L&H Verlag von ihm erschienen: *Berlins unbekannte Kulturdenkmäler / 1. Aufl., Linie 100 und 200, Berlin-Bus-Tour in 33 Minuten* und *Linie 36, Hamburg-Bus-Tour in 38 Minuten.*

VOM DONNERBALKEN ZUR HIGHTECH-TOILETTE

Alle modernen Toiletten der Wall AG sind behindertengerecht. Bitte beachten Sie auf jeden Fall die zusätzlichen Hinweise im Text.

VOM DONNERBALKEN ZUR HIGHTECH-TOILETTE

Eine kurze Kulturgeschichte der öffentlichen Toilette

Die Entwicklung der Toilette begann viel versprechend: In Ägypten war es schon mehrere Jahrhunderte vor Christus üblich, dass sich die Gutbetuchten einen Abort neben ihr Haus bauten. Je nach Stand der Bewohner befand sich darunter eine Grube oder ein Abflusskanal. Diese Ägyptischen Einrichtungen lassen sich allerdings noch nicht als öffentliche Einrichtungen bezeichnen.

Erst im frühen zweiten Jahrhundert tauchen im Römischen Reich Latrinen von außergewöhnlicher Größe und Architektur auf, die zwischen 25 und 80 Personen Platz boten, die sich hier zum geselligen Beisammensein trafen. Die Größe dieser Latrine hat nicht unbedingt etwas mit erhöhtem Andrang zu tun, sondern geht auf ein gesteigertes ästhetisches Bedürfnis zurück. Der Stuhlgang wurde mit Rang und Würde zelebriert. Die Großlatrinen waren nicht düster, sie waren hell, weil ein Peristylhof, den teure Säulenreihen zierten, für genügend Licht sorgte. Damit war auch ein wesentlicher Schritt zur Geruchsbeseitigung getan. Seit der frühen Kaiserzeit waren fast alle öffentlichen Latrinen überdies wassergespült.

In diesen Prachtlatrinen philosophierte, scherzte, schwatzte und lachte man. Auch wurden hier, wo man sein Geschäft verrichtete, ganz konkrete Geschäfte getätigt. Schließlich war die Prachtlatrine der Kaufmannsschicht und den Honoratioren vorbehalten. Der Plebs hatte sich woanders zu entledigen. Die Glanzzeit der Prachtlatrine war vom 2. bis zum Anfang des 3. Jahrhunderts. In der Spätantike setzte ihr Niedergang ein. Eine solch hochstehende Kultur der öffentlichen Bedürfnisbefriedigung hat es seither nie wieder gegeben.

Das Mittelalter war bekanntlich finster. Und es kannte keine Abortanlagen für die Mehrheit der Bevölkerung, weder private noch öffentliche. Nur in Klöstern und Burgen fanden

sich zur gefälligen Benutzung spezielle Erker an den Außenmauern. Diese Erkersitze waren steinern, mit einem Loch in der Mitte. Die Fäkalien fielen direkt in den Burggraben. In den Burgen des Deutschritterordens wurden beiderseitig eines Baches oder Flusses freistehende Abtrittstürme errichtet, die mit einer Brücke mit der Burg verbunden waren. Danzker nennt man die Konstruktion in der Baukunst.

Die Geschichte der öffentlichen Bedürfnisanstalten setzt erst wieder mit der Entwicklung europäischen Großstädte ein. In Paris sollen die ersten öffentlichen Pissoirs aufgestellt worden sein. In Berlin bot der Druckereibesitzer Ernst Litfaß dem Polizeidirektor von Hinkeldey Plakatsäulen mit einliegenden "Urinoirs" an. Fünfzig Brunnenumhüllungen und dreißig Urinale wollte er auf eigene Kosten aufstellen und betreiben, unter der Bedingung, dass alle öffentlichen Anschläge auf seine Säulen geklebt und auch bei ihm gedruckt würden. Sogleich erteilte der sparsame Polizeidirektor dem Drucker die Konzession – und handelte sich bei den Berlinern den Spottnamen "Pinkeldey" ein. Leider kam es zwischen Litfaß und der Stadt Berlin zum Zerwürfnis und es wurden nur wenige Litfaß-Säulen mit eingebautem Urinal aufgestellt. Erst mit dem berühmten Café Achteck sollte Berlin wieder Anschluss an die Weltspitze der öffentlichen Bedürfnisbefriedigung finden.

Aber die Idee des alten Litfaß lebt. Hans Wall hat sie mit seinen City-Toiletten erfolgreich in die heutige Zeit übertragen. Die Wall AG stellt überall im Stadtgebiet ihre modernen Automatiktoiletten auf und kümmert sich auch um deren Wartung. Als Gegenzug darf die Firma eine bestimmte Zahl von Werbeflächen aufstellen und vermarkten. Für beide Seiten ein gutes Geschäft, wenngleich sich mancher über die ausufernde Reklameflut ärgert.

Die Akzeptanz der City-Toiletten steht und fällt mit der technischen Zuverlässigkeit. Und um die ist es wirklich gut bestellt. Bei der Raumgestaltung und Ausrüstung der Toiletten wurden zudem auch alle Rollstuhlfahrer, Sehschwache und Blinde sowie Benutzer mit Kinderwagen berücksichtigt.

Die Bedienung ist eigentlich ganz einfach. Man muss sich nur trauen. Nach dem Einwurf der Münzen öffnet sich wie von Geisterhand die Tür. Nach dem Eintreten schließt sie sich ebenso automatisch. Der Raum ist beheizt und zwangsentlüftet. Die Benutzungszeit ist auf 20 Minuten begrenzt. Zwei Minuten vor dem automatischen Öffnen ertönt eine Sprachmitteilung. Man hat dann also noch Zeit, sich die Hose hoch zu ziehen. Natürlich ist das Verlassen der Toilette jederzeit durch Betätigen der "Tür auf"-Taste möglich. Die technische Raffinesse zeigt sich auch darin, dass alle City-Toiletten durch eine Standleitung mit der Spandauer Einsatzleitung der Wall AG verbunden sind. Hier versichert man, dass nach höchstens zehn Minuten ein Einsatzfahrzeug vor Ort ist. Die Reinigung der Toilette erfolgt jeweils nach dem Verlassen des Benutzers vollautomatisch. Zusätzlich sorgt ein eigener Wartungsdienst für eine Handreinigung aller City-Toiletten – und das 3mal täglich. Der Nächste findet also wieder eine saubere Sache vor. Sicher, bequem und sauber sind die Klos der schönen neuen Zeit also tatsächlich. Man muss sich nur trauen!

BERLINER KLO-TOP TEN

Wohin wir auch gehen, wenn wir nicht müssen!

Platz 1 ♥♥♥♥

49 Toilettenanlage Spandauer Markt *106*

... weil wir hier einen Blick in die Zukunft des Toilettenwesens werfen können

Platz 2 ♥♥♥♥

13 Toilette im Aquarium *70*

... weil Martina Krause unsere Lieblingstoilettenfrau ist

Platz 3 ♥♥♥♥

58 Café Achteck auf dem Fellbacher Platz *113*

... weil hier nach hundert Jahren Verspätung endlich auch die Frauen zu ihrem Recht kommen

Platz 4 ♥♥♥♥

5 Toilettenanlage unter dem Alex *57*

... weil hier DDR-Nostalgie und italienischer Charme eine schrille Mischung ergeben

Platz 5 ♥♥

31 Café Achteck auf dem Chamissoplatz *88*

... weil hier die Geschichte des Berliner Toilettenwesens wieder lebendig wurde

Platz 6 ♥♥♥♥

12 McClean WC-Center im Bahnhof Zoo *68*

... weil wir hier überprüfen können, ob die teuerste Dusche unseres Lebens ihr Geld wert ist

Platz 7 ♥♥♥♥

18 Toilettenanlage am Mierendorfplatz 75

... weil hier bewiesen wird, dass Toiletten auch ohne Wärter funktionieren können

Platz 8 ♥♥

44 Toiletten an der Wannsee-Anlegestelle *101*

... weil es kein Klo gibt, das schöner gelegen ist

Platz 9 ♥♥♥

1 City-Toilette Unter den Linden *52*

... weil man hier Touristen bei der Mutprobe beobachten kann

Platz 10 ♥♥

57 City-Toilette und Café Achteck am U-Bahnhof Alt-Tegel *112*

... weil sich hier zeigt, wie Konkurrenz das Geschäft belebt

Der Sieger: Toilettenanlage Spandauer Markt
Hier können wir einen Blick in die Zukunft des Toilettenwesens werfen

♥♥♥ 1 CITY-TOILETTE UNTER DEN LINDEN

Die Prachtmeile Unter den Linden wurde in den letzten Jahren immer mehr herausgeputzt. Dazu gehörte auch die Rekonstruktion des Mittelstreifens, der jetzt wieder zu einem Bummel unter Bäumen einlädt. Rasenstreifen zu beiden Seiten des Mittelstreifens und der breite Hauptweg vermitteln großstädtisches Flair. Bei der Ausstattung mit "Stadtmöbeln" standen die Stadtplaner vor dem Problem, einerseits den Flaneuren genügend Bänke und anderes zur Verfügung zu stellen und andererseits den Mittelstreifen nicht mit einer Unmenge von Mobiliar zu zu stellen. Die Lösung war eine Ausstattung mit einheitlich und repräsentativ gestalteten kleinen Bauten, die sich harmonisch ins Gesamtbild einfügen. Neben Informationssäulen, an denen sich Touristen über die Sehenswürdigkeiten der Stadt informieren können, sind Kioske und eine kleine Dependance eines Cafés installiert. Hier wird bei schönem Wetter direkt auf dem Mittelstreifen serviert. Das verbreitet dann gleich mediterranen Charme.

Krönender Abschluss der Möblierung ist kurz vor dem Brandenburger Tor die passende City-Toilette. Wahrscheinlich ist diese City-Toilette die am meisten beachtete der Stadt. Fast ständig kann man Touristen davor sehen, die interessiert diese Errungenschaft großstädtischer Bedürfnisbefriedigung begutachten. Nicht alle fassen genug Vertrauen, einen Selbstversuch zu wagen. Oft beratschlagen Touristengruppen, wer von ihnen als erster in die Automatikzelle gesperrt wird. Aber bis jetzt ist noch immer jeder heil wieder heraus gekommen. Und entsprechend groß ist dann meist die Begeisterung über die Hightech-Einrichtung. Ohne Übertreibung lässt sich also sagen, dass diese Toilette so etwas wie eine kleine Visitenkarte der Stadt ist. Mit exakt 18.015 Benutzungen (2001) ist diese Toilette zudem eine der am meisten frequentierten der Stadt. Dank der kurzen Wartungsintervalle ist an der Sauberkeit aber nichts auszusetzen.

Zu der City-Toilette auf dem Mittelstreifen gibt es eine weniger exponierte und repräsentative Alternative nur ein paar Schritte entfernt. Unter den Linden an der Ecke Schadowstraße befindet sich auf dem Gehweg eine weitere City-Toilette in etwas schlichterer Gestaltung. Diese Toilette steht sowohl dem allgemeinen Publikum gegen Einwurf von 50 Cent zur Verfügung, als auch dem Personal der BVG, das mit einem Spezialschlüssel Zugang erhält. Leider nimmt man hier offensichtlich aufeinander nicht immer die gebotene Rücksicht. Und so kann sich dieser Ort mit der Sauberkeit der Nachbarin nicht messen.

Durchgehend geöffnet
50 Cent

♥♥♥ 2 CITY-TOILETTE AN DER STRASSE DES 17. JUNI

Der Tiergarten steht in dem Ruf, die größte Toilette der Welt zu sein. Während der Loveparade ist das sicher wahr; und auch zu anderen Zeiten schlagen sich genug Menschen in die Büsche, um hier einem dringenden Bedürfnis nachzugehen. Aber eine Entschuldigung gibt es dafür eigentlich nicht mehr. Ist doch an der Straße des 17. Juni, gegenüber dem Brandenburger Tor, eine City-Toilette errichtet.

Tatsächlich ist die Anlage mit 17.638 Benutzungen gut besucht. Vor allem die Touristen, die mit den Bussen, die hier halten, gekommen sind, nehmen das Angebot der City-Toilette gerne an. Obwohl natürlich alle Busse heutzutage mit Bordtoiletten ausgestattet sind. Aber wer je in der unglücklichen Lage war, als Nichtlilipunaner sich in eine solche Kabine zu zwängen, wird die Erleichterung dieser Touristen verstehen. Für die Geräumigkeit der City-Toilette zahlt man dann gern die 50 Cent. Kniefreiheit, Ellenbogenfreiheit, Kopffreiheit - soviel Freiheit war selten. Klar, dass sich oft Schlangen bilden vor der Ein Personen-Kabine. Unser Plädoyer also gilt einer weiteren City-Toilette an diesem exponierten Ort. Bedarf besteht sicher.

Bis dahin aber werden sich wohl noch viele Busladungen von bedrängten Touristen in die Büsche des Tiergartens schlagen.

Durchgehend geöffnet
50 Cent

3 McCLEAN IM BAHNHOF FRIEDRICHSTRASSE ♥♥♥♥

Am tiefsten Punkt des Bahnhofs Friedrichstraße befindet sich eine Toilette auf höchstem technischen Niveau. Eigentlich mehr als eine Toilette, denn das Sanitärcenter der Schweizer Firma McClean, die auf vielen Deutschen Bahnhöfen mittlerweile das Kommando über den Sanitärbereich übernommen hat, befriedigt tatsächlich mehr als nur die Grundbedürfnisse. Neben hochmodernen WC-Kabinen und dem fast schon space-igen Pissoir werden auch Duschkabinen zur Verfügung gestellt. Keine schlechte Idee, denn nach einer langen Bahnfahrt möchte manch durchgeschwitzter Reisender nichts lieber, als eine ausgiebige Dusche nehmen. Trotz des stolzen Preises von 7 Euro machen viele von dem Angebot Gebrauch. Und das meist ganz spontan, denn im Preis sind Handtücher und Seife enthalten.

Anders als manch anderes Unternehmen betreibt McClean die Toiletten – pardon, die Sanitärcentren – als Hauptgeschäft. Soll heißen: Die Toiletten werden nicht durch irgend etwas anderes subventioniert. Entsprechend bewegen sich die Preise auf einem ebenso hohen Niveau wie die technische Ausstattung und die Sauberkeit.

Der Zugang zur Anlage erfolgt durch Drehkreuze, die nach dem Einwurf der Münzen durchschritten werden. Wer's nicht passend hat, wechselt am Automaten oder am Tresen bei den freundlichen Damen, die dort auch ein gutes Sortiment an Sanitärartikeln und Körperpflegemitteln bereithalten.

Zum Schluss noch der Hinweis, dass man das McClean Sanitärcenter bequem mit dem Fahrstuhl erreicht. Der Aufzug führt von ganz oben, vom S-Bahnsteig, durch die Bahnhofshalle direkt nach unten vor den Tresen von McClean. So ist dem Sanitärcenter schon mancher Kunde zugeführt worden, weil er vergessen hat, rechtzeitig in der Bahnhofshalle auszusteigen.

Täglich 6-24 Uhr
WC 80 Cent, Kinder unter 6 Jahren gratis, Wickeltisch
Dusche 7 Euro (30 Minuten) incl. Seife und Handtücher
Behindertengerecht (bequemer Zugang über Fahrstuhl)

♥♥♥ 4 CITY-TOILETTE AM GENDARMENMARKT

Die Berliner City-Toilette mit der schönsten Lage ist sicher die auf dem Gendarmenmarkt. An der Charlottenstraße gelegen, mit dem Französischen Dom in Hintergrund und von stets frisch gestutzten Bäumen flankiert, kann man hier stilvoll Erleichterung finden.

Der kleine Bau selbst ist auch durchaus repräsentativ: grün-türkisfarbener Marmor harmoniert mit dunkelgrünem Metall. Hätte man uns die Auswahl überlassen, so hätten wir aus dem Sortiment der Firma Wall, die natürlich auch dieses Häuschen aufgestellt hat, das Modell gewählt, das auch den Mittelstreifen der Straße unter den Linden ziert. Aber uns fragt ja keiner.

Eine gute Alternative für Knauser und größere Touristengruppen stellt übrigens der nahe gelegene Deutsche Dom dar. Dort ist die frei zugängliche Ausstellung "Fragen an die Deutsche Geschichte" untergebracht - und eine ebenso frei zugängliche, gebührenfreie, große und saubere Toilettenanlage.

Durchgehend geöffnet
50 Cent
Behindertengerecht

5 ALEXANDERPLATZ UND
6 McCLEAN IM BAHNHOF ALEXANDERPLATZ

♥ ♥ ♥ ♥
für beide

Authentische DDR-Sanitärarchitektur der sechziger Jahre kann der Ostalgiker auf dem Alexanderplatz bewundern. Das heißt – nicht ganz. Denn erstens liegt die eigentliche Toilettenanlage nicht auf, sondern unter dem Alexanderplatz und zweitens sind die meisten der grauen Plastearmaturen durch neue Chromteile ersetzt. Aber die Kacheln atmen auf jeden Fall den Geist des Ostens. Leuchtend babyblau strahlt es einem bei den Herren von den Wänden; bei den Damen wählte man – nein, nicht was Sie denken, sondern ein helles, frühlingsfrisches Grün. War rosa gerade aus?

Aber mit dieser Pracht soll es womöglich bald vorbei sein, denn die Firma Wall, in deren Obhut sich die Anlage befindet, hat schon konkrete Pläne ausgearbeitet, wie aus dem alten Ostklo ein modernes Hygiene-Service-Center werden soll. Ein Entwurf sieht dabei auch eine Behindertentoilette im Oberirdischen Eingangspavillon vor. Heute führt eine doppelte Wendeltreppe – eine für Damen, eine für Herren – von diesem Eingangspavillon in die Anlage herab. Und diesen Weg gehen nun immer mehr Kunden auf der Suche nach Erleichterung. Denn es hat sich herumgesprochen, dass das Klo unter dem Alex nach langer Zeit der Schließung jetzt wieder offen steht.

Besonders rege ist das Geschäft am Wochenende, wenn der Kaufhof am Alex, dem man das alte Centrum Warenhaus nur noch von außen ansieht, schließt und somit deren Toiletten nicht mehr zur Verfügung stehen. Und sicher liegt der Wochenend-Andrang auch an Massimo Greco, der hier immer am Wochenende Dienst hat. Der junge Mann mit der sanften Stimme und dem markanten Akzent hat sich – zumal bei der Damenwelt – den Ruf des charmantesten Toilettenmannes der Stadt erworben. Dabei legt der aus Italien stammende Greco eigentlich seinen Ehrgeiz darein, mit unübertroffener Sauberkeit seiner Anlage zu glänzen. Schließlich ist er gelernter Gebäude-

Mc Clean

reiniger und als solcher unter der Woche als Objektleiter für die perfekte Reinigung aller Uni-Hörsäle zuständig. Am Wochenende kann er dann seine Putzfreude hier unter dem Alexanderplatz austoben. Eine besondere Herausforderung, die selbst den Profi auf eine harte Probe stellte, war der Weihnachtsmarkt, der letzten Winter wie jedes Jahr auf dem Alex stattfand. All der Glühwein musste ja irgendwo bleiben. "Sie können sich gar nicht vorstellen, was hier los war" meint Massimo Greco. Können wir schon, wollen wir aber gar nicht.

Natürlich gibt es auch im Bahnhof Alexanderplatz eine öffentliche Toilette. Sie wird wie die bereits beschriebene in dem Bahnhof Friedrichstraße von der Schweizer Firma McClean betrieben. Allerdings liegt dieses Sanitärcenter, das auch über Duschen verfügt, recht versteckt an der nördlichen Außenwand des Bahnhofs, und so herrscht dort trotz der überall im Bahnhof angebrachten Hinweisschilder vergleichsweise geringer Betrieb. Die Damen der Belegschaft finden daher oft Zeit, sich mit den Herren des Bahnhofswachdienstes und den Bundesgrenzschutz-Beamten zu unterhalten, die hier regelmäßig auf ein Pläuschchen vorbeikommen.

WC-Center im Bahnhof Alexanderplatz (oben):
6.30- 23 Uhr
WC 80 Cent, Kinder bis 5 Jahre kostenlos
Dusche 7 Euro (30 Minuten) incl. Handtücher und
Duschgel, Wickeltisch

WC unter dem Alex (unten)
Täglich 8-20 Uhr
Kostenlos, 30 Cent werden erbeten

♥ 7 SPANDAUER STRASSE/ RATHAUSSTRASSE

Lange Zeit wurde das Ziegelrondell auf der weitläufigen Grünfläche vergeblich angelaufen von bedrängten Berlinern und Touristen, denn der markante Bau war geschlossen. Nun ist er wieder zugänglich und bietet jedermann und jederfrau Erleichterung. Bei dem Ziegelrondell handelt es sich um eine Anlage, die kein Standardentwurf einer DDR-Toilette ist, sondern ein architektonisches Unikat. Ganz offensichtlich hat sich der Architekt bei der Wahl des Materials von dem nahen Rathaus inspirieren lassen. Für beide Bauten sind rote Ziegel charakteristisch. Dem Rathaus hat das Baumaterial den Namen Rotes Rathaus eingetragen. Ob die Toilette es zu dem Namen Rotes Klo gebracht hat, war nicht zu ermitteln.

Leider ist das Rondell nicht mit Personal besetzt. Das hat dazu geführt, dass sich die Herrentoilette zu einem etwas obskuren Schwulentreff entwickelt hat und es dort recht verwahrlost aussieht. Dreimal täglich wird dort gründlich saubergemacht, und die Stricher können sich in der Zeit auf dem Rasen erholen. Die Damentoilette ist in einem ungleich besseren Zustand als die Herrenabteilung.

Täglich 8.30-20 Uhr
Kostenlos

8 CITY-TOILETTE AM KÖLLNISCHEN PARK ♥♥♥

Dezent an einer Ecke der hübschen kleinen Parkanlage "Am Köllnischen Park" zur Rungestraße hin, links neben dem Gesundheitsamt, steht etwas abseits ein modernes, mit Granit verkleidetes graues Häuschen der Baureihe City-Toilette. Mitten in der gepflegten und mit vielen Blumen bepflanzten Anlage befindet sich ein Bärenzwinger, wo man sich in sicherem Abstand an den, von dort als durchaus drollig empfundenen, Berliner Wappentieren erfreuen kann.

Außerdem gibt es einen viel frequentierten Kinderspielplatz, und jede Mutter oder jeder Vater wird sich freuen, ein sauberes öffentliches WC fürs Kind und die eigenen Bedürfnisse in der Nähe zu wissen. Des weiteren stehen auf dem Areal, an dessen einer Längsseite sich das Märkische Museum anschließt, einige Überbleibsel mittelalterlicher Wallanlagen (Also gleich zwei Wallanlagen auf einem Platz). Und an einer Feldsteinmauer vor dem Museum kann man sich auf die Suche nach originellen Motiven machen auf den dort versprengt mit eingemauerten alten Reliefs.

Durchgehend geöffnet
50 Cent
Behindertengerecht

♥♥♥ 9 CITY-TOILETTE WITTENBERGPLATZ

Einst stand auf dem Wittenbergplatz eines der repräsentativsten Toilettenhäuser Berlins. Vor genau hundert Jahren wurde es zusammen mit der U-Bahnstation Wittenbergplatz im selben Stil wie das großzügige Bahnhofsgebäude errichtet. Damals, 1902, führte über den Wittenbergplatz die später so genannte Stammstrecke der U-Bahn. Sie verlief von Warschauer Brücke (heute Warschauer Straße) bis Knie, dem heutigen Ernst-Reuter-Platz. Es war nach London und Budapest die dritte Untergrundbahn Europas, mithin die erste Deutschlands. Allerdings war der Begriff Untergrundbahn – oder Unterpflasterbahn, wie man damals sagte – ein wenig Etikettenschwindel, denn auf dem längsten Abschnitt fuhr die Bahn oberirdisch, auf einem eisernen Viadukt von Warschauer Brücke bis Nollendorfplatz. Erst danach verlief die Trasse unter der Erde, da die wohlhabende, großbürgerliche Bevölkerung Charlottenburgs die Unterpflasterbahn für die elegantere Lösung hielt. Der Bahnhof Wittenberplatz war also der erste "U-Bahnhof" der Stammstrecke. Und er ist es ja heute noch.

Als der Bau mit großem architektonischen Anspruch errichtet wurde, investierte man auch einiges an Geld und Gestaltungswillen in eine Toilettenanlage. Heute ist der Bahnhof Wittenbergplatz vorbildlich restauriert und erstrahlt seit einigen Jahren im alten Glanz. Und was ist aus der Toilette geworden? Nun, sie erstrahlt gleichfalls in altem Glanz. Schauen Sie sich einmal um. Sie können kein Prachtklo entdecken weit und breit, nur das Eiscafé an der Ecke Wittenbergplatz – Ansbacher Straße neben dem KadeWe fällt Ihnen ins Auge, weil es tatsächlich vom Baustil her so gut zum historischen Bahnhof passt? Sie haben richtig geraten. Das Eiscafé, das sich im Winter mit Pizza über Wasser hält, ist wirklich das einstige Toilettenhaus. Und es ist noch gar nicht so lange her, dass hier dem ursprünglichen Zweck entsprochen wurde, denn mit der Restaurierung des Bahnhofsgebäudes ging auch die Wiederherstellung der Toilettenanlage einher. Doch die innen modern ausgestattete Anlage wurde bald wieder ihrer

Bestimmung beraubt und erlebte eine Konversion ganz eigener Art. Wobei vielen Berlinern, die den schmucken Bau noch in seiner einstigen Funktion kennen, der Appetit auf Eis und Pizza bei dem Gedanken an die Vergangenheit des Cafés vergeht. Aber wir können Sie beruhigen: Die Pizza ist einwandfrei und durchaus eine Alternative zu dem hervorragenden Naturland-Imbiss auf dem Wittenbergplatz.

Apropos Alternative: Heute bietet eine moderne City-Toilette auf dem gegenüber liegenden Teil des Wittenbergplatzes – dort, wo der Markt stattfindet – Ersatz für das alte Prachtklo. Und selbst dazu gibt's noch eine Alternative, nämlich die Kundentoilette des KadeWe. So es denn geöffnet hat.

Durchgehend geöffnet
50 Cent
Behindertengerecht

♥♥ 10 BREITSCHEIDPLATZ

Die Toilette mit dem schlimmsten Ruf in ganz Berlin, ja über Berlin hinaus, war jahrelang die Anlage unter dem Breitscheidplatz. Sie hatte sich zu einem zentralen Sammelplatz der Heroinsüchtigen entwickelt, und ständig konnten die regulären Benutzer mit schierem Entsetzen mit ansehen, wie sich die menschlichen Wracks hier einen Schuss setzten. Blutige gebrauchte Spitzen lagen in fast jeder Kabine, obwohl eine Box für die Spritzen im Vorraum angebracht war und Schilder dringend zur sachgerechten Entsorgung aufforderten. Für viele Berlin-Touristen war ein Besuch des Klos am Breitscheidplatz das nachdrücklichste Erlebnis der Reise; wo sonst auf der Welt konnte man das soziale Elend so hautnah kennen lernen.

Und jahrelang erscholl der Ruf, diese unhaltbaren Zustände zu beseitigen. Ganz einfach dadurch, dass dort Personal eingesetzt werde. Denn keinen Toilettenmann und keine Toilettenfrau gab es weit und breit, die für Ordnung, Sicherheit und Sauberkeit hätten sorgen können. Zwar wurde die Anlage mehrmals täglich von den Stadtreinigungsbetrieben, die seinerzeit für die öffentlichen Toiletten zuständig waren, geschlossen und dann entmüllt und – recht oberflächlich – gesäubert, aber schon kurz nach der Aktion befand sich der unterirdische Bau wieder in einem entsetzlichen Zustand.

Heute ist alles anders. Die Anlage ist in die Verantwortung der Wall AG übergegangen und mit Personal besetzt. Die sanitären Einrichtungen sind saniert und repariert, so dass das Klo heute wieder ähnlich aussieht wie bei seiner Eröffnung im Jahre 1983. Damals wurde der Breitscheidplatz mit dem Weltkugelbrunnen – umgangssprachlich nur Wasserklops genannt – angelegt. Die kalte Atmosphäre mit ihren weißen Kacheln und den Edelstahltüren und -installationen unter dem gleißenden Neonlicht ist allerdings nicht sehr einladend. Immerhin: Die Anlage ist leidlich sauber, vor allem die Damen haben die Auswahl zwischen zahlreichen – um genau zu sein neun – stets frisch gewischten Kabinen.

In den Schubladen der Wall AG liegt schon ein Plan für eine gründliche Umgestaltung der gesamten Anlage. Diese Umgestaltung bezieht auch die in den Sanitärbunker hinabführenden Treppen mit ein. Denn heute beginnt die Beklemmung schon beim Abstieg, bei dem Damen und Herren getrennt auf schmalen, von mächtigen wulstigen Mauern flankierten Treppen hinabsteigen müssen. Eine breite gemeinsame Treppe soll nach dem Willen der Architekten dann zu einem schick designten Foyer führen und von da aus weiter in den Geschäftsbereich, gestaltet mit anthrazitfarbenen Einrichtungen und hinterleuchteten Milchglaswänden. Wenn diese Pläne Wirklichkeit werden, dann erinnert wirklich nichts mehr daran, dass sich hier einst das Klo mit dem übelsten Leumund befand.

Täglich 10-22 Uhr
Kostenlos, 25 Cent werden erbeten

♥♥♥ 11 JOACHIMSTALER PLATZ

An der Ecke Kürfürstendamm-Joachimstaler Straße liegt eine kleine Freifläche, der Joachimstaler Platz, auf dem sich ein geschütztes Baudenkmal der sechziger Jahre erhebt, die Verkehrskanzel. Heute funktionslos erinnert sie leer und kahl an eine Zeit, in der ein möglichst reger Autoverkehr Symbol des Fortschritts war. Unter der Verkehrskanzel befindet sich wie eh und je ein Kiosk. Darunter wiederum geht der U-Bahn-Abgang hinunter zu den U-Bahnlinien U9 und U15, die sich hier an der Station Kurfürstendamm kreuzen. Und außerdem befindet sich hier unten das Reich von Marina Prieme. Denn die Gesamtanlage beinhaltet auch eine öffentliche Toilette.

Die Toilettenanlage, die nun wieder täglich von morgens um neun bis abends um neun in Betrieb ist, ist über separate Treppen neben der breiten Treppe zur U-Bahn zu erreichen – rechts die Herren, links die Damen. Von der U-Bahnstation besteht erstaunlicherweise kein Zugang zur WC-Anlage. An der Toilette ist der Lauf der Zeit nicht spurlos vorbeigegangen, vieles ist nur notdürftig zusammengeflickt. Besonders abenteuerlich ist der offene, zentrale elektrische Schaltkasten mit den Originalsicherungen und -schaltern aus den sechziger Jahren, der sich in Marina Priemes Wärterraum befindet und der alle elektrischen Funktionen der Gesamtanlage zusammenfasst. "Manchmal überlege ich mir, was wohl passiert, wenn ich diesen oder jenen Schalter umlege. Womöglich geht im Kiosk das Licht aus und dafür ist dann die Verkehrskanzel hell erleuchtet" meint die Toilettenfrau, die sich aber bisher darauf beschränkt hat, den einzigen Schalter zu betätigen, dessen Funktion sie kennt: Licht aus auf der Toilette.

Bald soll Schluss sein mit dem desolaten Zustand, denn die Wall AG, die auch diese Toilette in ihrer Obhut hat, plant eine Runderneuerung der Anlage. Bis es soweit ist, bemüht sich Marina Prieme redlich, ihre Toilette mit viel Sinn für Sauberkeit und mit burschikosem Charme zu einem einladenden Ort zu machen.

Täglich 9-21 Uhr, kostenlos, 30 Cent werden erbeten

DAMEN
Marlboro

♥♥♥♥ 12 McCLEAN IM BAHNHOF ZOO

Die sicherlich umsatzstärkste Toilette Berlins befindet sich im Bahnhof Zoo. Das liegt einerseits an dem regen Betrieb und andererseits an den Preisen. Mit 1,10 Euro für die WC-Benutzung lässt die McClean Toilette sogar die anderen Einrichtungen des eigenen Unternehmens hinter sich, dort wird in der Regel 80 Cent verlangt. "Natürlich ist das teuer; aber wir haben diese Preise doch nicht gemacht. Trotzdem müssen wir uns oft die Vorwürfe verärgerter Kunden anhören" klagen die Damen um Frau Gehlfuß, die fürwahr keinen ruhigen Job haben.

Natürlich ist in der McClean Toilette alles sehr sauber, anderes ist man von dem Schweizer Edelklo-Unternehmen auch nicht gewohnt. Und Kinder unter sechs Jahren können auch hier ihr Geschäft umsonst erledigen. Besonders gut angenommen werden die Duschen. Dabei erstaunt uns – und auch die Damen der Toilettencrew haben sich anfangs darüber gewundert – , dass vor allem Reisende aus Osteuropa von dem Angebot regen Gebrauch machen. Sieben Euro Benutzungsgebühr – dafür kann manch Warschauer und Moskowiter doch

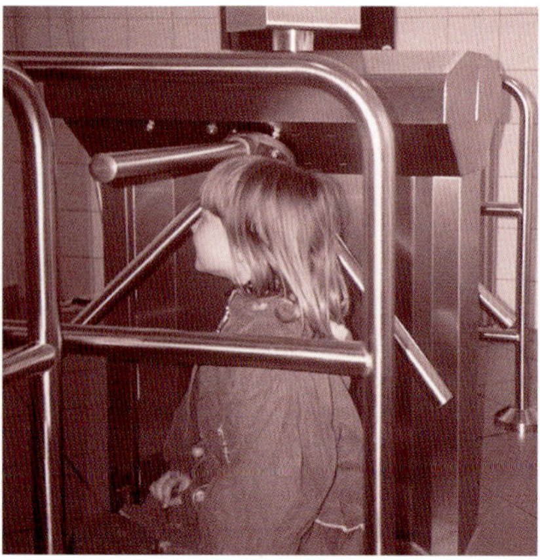

fast wieder nach Hause fahren und dort duschen! Aber lassen wir mal die Übertreibungen. Tatsache ist, dass sich regelmäßig am Freitag, wenn der Zug vom Osten angekommen ist, Schlangen vor den Duschen bilden. Interrailer sind – notgedrungen? – knauseriger. Sie gehören nicht zu den Kunden und sagen sich wohl, sie könnten mit der Dusche bis, sagen wir mal: Brüssel oder Paris warten, wo es in der Jugendherberge nichts extra kostet. Hatten wir nicht damals eine ähnliche Einstellung? Aber die Duschen im Bahnhofsklo waren ja noch nicht erfunden...

Täglich 5-0.30 Uhr
WC 1,10 Euro, PP 60 Cent,
Kinder unter sechs Jahren gratis,
Dusche 7 Euro (30 Minuten) incl. Handtücher
und Duschgel, Wickeltisch

♥♥♥♥ 13 ZOOLOGISCHER GARTEN TOILETTE IM AQUARIUM

Wen beim Zoobesuch ein dringendes Bedürfnis überkommt, der hat die Auswahl zwischen dem Elefantenhaus, dem Tropenhaus, der Vogelanlage und dem Aquarium. Denn jeweils dort befindet sich eine Toilette. Diese Anlagen gehören zwar dem Zoo, werden aber von der Firma Lunau Dienstleistungen und Service betrieben. Dies wird den Gästen auf Schildern im Eingangsbereich deutlich mitgeteilt und auch eine Telefonnummer für Rückfragen ist dort angegeben. Da wollten wir eigentlich anrufen, um mal zu fragen, worin sich bei dem Unternehmen der Service von den Dienstleistungen unterscheidet.

Auf jeden Fall sind der Service und/oder die Dienstleistungen gut. Unsere Lieblingstoilette im Zoo ist eindeutig die im Aquarium. Das liegt nicht nur an dem soliden baulichen Zustand – im Gegensatz etwa zu der Toilette in der Vogelanlage, die bisweilen wegen technischer Probleme geschlossen werden muss – , sondern vor allem an Martina Krause. Diese Toilettenfrau ist eine echte Frohnatur, deren gute Laune sich auf ihre Gäste überträgt. Auch und besonders die Schulklassen, die oft geschlossen das Klo stürmen und in der Branche nicht gerade als die leichteste Kundschaft gelten, machen ihr Spaß. Dass sie nicht nur flink mit dem Mund, sondern auch mit Scheuertuch und Bürste ist, das beweist die makellose Sauberkeit der Toilette. Tatsächlich: Hier könnte man – wie es so schön heißt – vom Fußboden essen. Gern hätten wir das Lachen unserer Lieblingstoilettenfrau auf einem Foto festgehalten, aber da zeigte sich Martina Krause plötzlich ungewohnt schüchtern. Schade.

Täglich 10-18 Uhr (Öffnungszeiten des Aquariums)
30 Cent erbeten

14 PREUSSENPARK BRANDENBURGISCHE STRASSE ♥♥♥

Richtig proper sieht es jetzt wieder aus, das Häuschen im Preußenpark. Frisch renoviert und das dach mit roten Ziegeln neu gedeckt, ist diese Toilette nun ein rechtes Schmuckstück. Nahe der Ecke zur Konstanzer Straße steht an der Brandenburgischen Straße, noch auf dem Gelände des Preußenparks, diese Bedürfnisanstalt der zwanziger Jahre. Der Preußenpark ist eine Grünanlage, die sich zwischen dem Fehrbelliner Platz und der Konstanzer Straße rechts der Brandenburgischen Straße hinzieht. Im nördlichen Bereich des Parks, nahe der Konstanzer Straße erstreckt sich eine große Liegewiese, die bei schönem Wetter ein beliebter Picknickplatz ist.

Wer hier ein Picknick machte, hatte bis vor kurzem nur die Möglichkeit, sich in die Büsche zu schlagen, wenn der Drang zu heftig wurde. Seit der Neueröffnung bietet die Traditionstoilette nun wieder vollen Komfort. Denn nicht nur von außen strahlt sie wieder, auch innen ist alles neu und modern. Alles könnte so schön sein, wäre da nicht die mürrische Wärterin, die einem den Besuch mit stoischer Zurückweisung vergällt. Und die Bitte, die schicke, neue Innenausstattung einmal fotografieren zu dürfen, wurde offenbar als obszöne Bemerkung aufgefasst.

Täglich 9-21 Uhr
Kostenlos
Behinderten-WC

♥ 15 TIERGARTEN GROSSER STERN UND
♥♥♥ 16 TIERGARTEN ALTONAER STRASSE

Der Große Stern mit der Siegessäule in der Mitte ist eines der Wahrzeichen Berlins. Zahllose Touristen steigen die Stufen zur goldenen Plastik der Siegesgöttin Victoria – landläufig Goldelse genannt – empor und genießen den Blick über den Tiergarten. Um zur verkehrsumtosten Mittelinsel mit der Siegessäule zu gelangen, muss der Besucher einen der eigens dafür angelegten vier Tunnel unter der Straße benutzen, damit er nicht als Verkehrsopfer endet. In den Tunneln aber wird die Nase auf eine harte Probe gestellt; allzu stechend ist der Uringestank. Angesichts dieser unangenehmen Tatsache ist es um so bedauerlicher, dass es nicht ein einziges Hinweisschild zu der öffentlichen Toilette im Haus C gibt. Das Haus C ist einer der vier Zugangsbauten zum Tunnelsystem, eigentlich nicht viel mehr als ein auf repräsentativ getrimmtes Treppenhaus.

Im Haus C, dem Bau, der an der Straße des 17. Juni am westlichen Teil des Großen Sterns steht, ist tatsächlich ein öffentliches WC untergebracht. Das muss man wissen. Denn weder weisen Schilder den Weg, noch erkennt man die Toilette von selbst als solche. Man muss schon direkt davor stehen, um das unscheinbare Schildchen "Damen" zu erkennen. Und wer um das Gebäude herumgeht, findet sogar noch "Herren". Aber

die unverhoffte Entdeckung fällt enttäuschend aus. Die Anlagen befinden sich in keinem guten Zustand und sind teilweise beschädigt und verunstaltet; bei den Herren mehr, bei den Damen weniger. Eine Besetzung mit einem Toilettenmann oder einer Toilettenfrau scheint hier allemal angeraten. Bei einer Restaurierung der Einrichtungen und einer guten Ausschilderung wäre aus dieser Toilette sicher etwas zu machen. Die Anlage besitzt, wie man heute sagt, ein enormes Potenzial.

Eine weitere öffentliche Toilette im Tiergarten, in der nahen Altonaer Straße, stellt im Sommer eine gute Alternative dar. Sie ist nicht beheizbar und daher auch nur im Sommer geöffnet. Im Frühjahr 2002 wurde das idyllisch im Grünen gelegene Häuschen von außen gründlich renoviert und im Inneren mit einer neuen sanitären Einrichtung versehen.

Großer Stern
Täglich 7-20 Uhr
Kostenlos

Altonaer Straße
15. April bis 15. Oktober täglich 7-19 Uhr
Kostenlos

♥♥ 17 STUTTGARTER PLATZ

Wer vom U-Bahnhof Wilmersdorfer Straße auf den Stuttgarter Platz tritt, dem fällt als erstes eine bis zur Ruine verwahrloste und zerstörte Toilettenanlage auf. Direkt vor den Treppenaufgang befindet sich der Schandfleck. Kurios ist dabei, dass sich das Schild "Wieder eröffnet" über den längst eingetretenen Türen so gut gehalten hat. Nun ist der Stuttgarter Platz ohnehin alles andere als eine repräsentative Anlage – im Wesentlichen besteht er aus einem Parkplatz – , doch wird es höchste Zeit, das Gebäude ganz abzureißen.

Für die ehemalige Toilettenanlage am U-Bahnhof ist inzwischen ein Ersatz geschaffen. Am entgegengesetzten Ende des Stuttgarter Platzes, auf dem Bahnhofsvorplatz des Bahnhofs Charlottenburg, der einen leidlich gepflegten Eindruck macht, steht gut sichtbar eine moderne City-Toilette, die sich eines regen Zuspruchs erfreut. Während der Rushhour, wenn die Pendler vom U-Bahnhof über den Stuttgarter Platz zur S-Bahn eilen, ist die Toilette fast immer besetzt. Eine zweite City-Toilette an der Stelle der Ruine böte sich fast zwangsläufig an. Herr Wall, übernehmen Sie!

Durchgehend geöffnet
50 Cent
Behindertengerecht

PS: Zwar befindet sich mit der City-Toilette an der Ecke Wilmersdorfer Straße/Pestalozzistraße noch eine zweite Toilette in der Nähe, doch liegt sie nicht auf der Strecke der Pendler, und Hinweisschilder zu ihr gibt es auch nicht. Die meisten wissen also gar nichts von diesem Alternativklo.

18 MIERENDORFPLATZ ♥♥♥♥

Der Mierendorfplatz in Charlottenburg ist der Stolz der Berliner Gartendenkmalpfleger. Ist es doch gelungen, das Erscheinungsbild der 1912 geschaffenen Grünanlage wieder herzustellen. Den Mittelpunkt bildet ein Brunnen. Zu den Besonderheiten des kleinen aber feinen Parks zählen die kastenförmig geschnittene Umrandung des Platzes aus Platanen und eine Unterpflanzung aus Fliederbüschen. Kein Wunder, wenn die Parkbänke bei schönem Wetter stets besetzt sind. Auf der einen sitzen die Mütter, die sich hier am Spielplatz verabredet haben und jetzt die Thermoskanne mit Kaffee kreisen lassen, auf der anderen die Früh- und Spätrentner mit der Schultheißbüchse.

Damit die schöne neue alte Grünanlage nicht anschließend als Klo missbraucht wird, befindet sich auf der anderen Straßenseite, dort, wo die Mierendorfstraße auf den Platz stößt, eine öffentliche Toilette. Und zwar eine, auf die man gerne geht. Das frisch renovierte Haus, in dem sich Damentoilette, Herrentoilette und ein seperates Pissoir befinden, ist eine Fernwärmenetzpumpenstation der Bewag, so jedenfalls steht es dran. Eine Überraschung erlebt der Besucher sogleich nach dem Eintreten. Hier ist alles in bester Ordnung und Sauberkeit, keine Schmierereien an den Wänden, kein Dreck auf dem Boden, dafür stehen Klopapier, Seife und Papierhandtücher ausreichend zur Verfügung. Und das, obwohl die Anlage auf Personal verzichtet! Unser Preis für das beste personallose Klo Berlins geht ohne Gegenstimme an die Toilette auf dem Mierendorfplatz.

Täglich 6-19 Uhr
Kostenlos
Es gibt eine separate Behindertentoilette

♥♥♥ 19 LEHNINER PLATZ

Mitten im Rummel des Ku'dammverkehrs stehen zwei City-Toiletten, etwas zurückgesetzt, auf dem Bürgersteig zwischen der großen Flaniermeile und einem Autoparkplatz. Auf der gegenüber liegenden Straßenseite findet man die Schaubühne am Lehniner Platz. Eines dieser modernen Toilettenhäuschen, die einem für 50 Cent Einlass gewähren, ist etwas größer gebaut und lässt sich somit auch mit einem Rollstuhl befahren.

An der Rückseite dieses größeren Toilettenhäuschens ist im gleichen Baustil ein Kiosk angebaut. Dort kann man im Notfall sicher mal das notwendige Kleingeld einwechseln.

Wer sich nicht geniert, in einem Restaurant die Toilette zu benutzen und sich dabei womöglich von den mißbilligenden Blicken der Kellner begleiten zu lassen, hat am Lehniner Platz eine reiche Auswahl an Alternativen zu den City-Toiletten. So hat das gegenüber liegende Café der Schaubühne fast ständig geöffnet. Die Toiletten sind dort modern, hell und sauber.

Durchgehend geöffnet
50 Cent
Behindertengerecht

20 CAFÉ ACHTECK UNIONPLATZ UND
21 CAFÉ ACHTECK STEPHANPLATZ

♥♥ für beide

Gleich zwei der berühmten Café Achtecks findet man frisch renoviert in der Nähe des U-Bahnhofs Birkenstraße, also im tiefsten Moabit. Das erste Pissoir steht auf dem Unionsplatz, etwa fünf Fußminuten vom U-Bahnhof entfernt. Die Birkenstraße führt direkt auf den nicht gerade schönen Platz, der von der Siemensstraße flankiert wird. Auf der gegenüber liegenden Straßenseite erstreckt sich das Gelände des Güterbahnhofs. Eigentlich nicht der rechte Ort für ein so aufwendig und liebevoll wieder aufgebautes Kleinod der Toilettenkultur Berlins. Sogar die beiden Laternen an der Sichtblende hat man diesem Exemplar des Café Achteck wieder angefügt.

Auch das zweite Café Achteck erfreut sich nicht der besten Nachbarschaft. Aber wie wäre das in dieser Gegend auch möglich? Es steht auf dem Stephanplatz, oder genauer an der Ecke Stephanstraße/Havelberger Straße. Die Stephanstraße zweigt nahe dem U-Bahnhof von der Putlitzstraße ab. Nun kann man mit etwas gutem Willen im Stephanplatz tatsächlich so etwas wie eine Grünanlage sehen, doch ist sie mehr als verwahrlost. Um so erstaunter ist man über den Zustand beider Café Achtecks. Sie sind meist recht sauber – sie werden wie alle Achtecks einmal täglich gereinigt – , ohne irgendwelche sichtbaren Zerstörungen oder Beschädigungen, und sogar Graffiti findet man an ihnen nicht. Woran mag das liegen? Haben die jugendlichen Sprayer Respekt vor der Würde des Alters der Anlagen oder haben sie einfach resigniert, weil ihre Werke sogleich wieder grün übermalt werden, kaum, dass sie auf den Gusseisenwänden prangen? Pessimistisch wie wir sind, tippen wir mal auf das letztere.

Durchgängig geöffnet
Kostenlos

♥ 22 GESUNDBRUNNEN

"Das neue Klo im Kietz" wirbt ein Schild am Zugang zur unterirdischen Toilettenanlage vor dem U-Bahnhof Gesundbrunnen an der Badstraße Ecke Behmstraße. Das ist ein dreister Etikettenschwindel: Das einzige, was an diesem Klo neu ist, ist das Schild. Ansonsten wurde seit Jahrzehnten nichts in die Anlage investiert.

Darüber ärgern sich nicht nur die Gäste, auch Detlev Schinkel ist sauer. Seit einem halben Jahr betreut der Toilettenmann jetzt die Anlage und immer ist etwas kaputt. Bei unserem Besuch im Winter etwa fällt sogleich die ungemütliche Kälte auf. "Ich telefoniere schon seit zehn Tagen hinter dem Betreiber her, aber es tut sich nichts." Das liegt wohl an den verzwickten Zuständigkeiten. Eigentümer ist der Bezirk Wedding, Betreiber in dessen Auftrag die Wall AG, das Personal aber stammt – wie Detlev Schinkel – von dem Dienstleister City-Service.

Derweil friert Schinkel weiter und erzählt gern aus seinem Leben als Toilettenmann. Er kennt die Branche in- und auswendig, schließlich arbeitet er seit mehr als 12 Jahren darin. Jahrelang als Inhaber einer eigenen Toilette. Doch das Geschäft mit dem Geschäft ist hart: "Wir Kleinen werden immer mehr an den Rand gedrängt. Großunternehmen teilen sich den Markt untereinander auf." Aber eigentlich ist Schinkel in seiner Toilette unter dem Pflaster der Behmstraße noch vergleichsweise zufrieden, dann nämlich, wenn er an sein kurzes Gastspiel als Wächter einer privaten Luxustoilettenanlage zurück denkt. Mit weißem Hemd und Fliege habe man da vor den Gästen Verbeugungen machen müssen und üble Psychotricks seien angewandt worden, um ans Geld der Gäste zu kommen. "Keine Woche hab ich das ausgehalten!" Da fühlt Detlev Schinkel sich hier im grünen Blaumann wohler – und müht sich redlich, seine Ruine sauber und in Schuss zu halten.

8.30-21 Uhr
Kostenlos, 30 Cent werden erbeten

23 PRINZENALLEE/OSLOER STRASSE ♥

nur mit gutem Willen und nur für's Damenklo

Zugegeben, wir waren gewarnt worden. Mehr als einmal hatten uns gestandene Toilettenfrauen und -männer von den desolaten Verhältnissen berichtet, die in der Toilette an der Ecke Osloer Straße – Prinzenstraße herrschen sollten. "Dort hausen die Schwulen wie die Schweine. Sie schlagen alles kaputt!" hieß es unisono.

Weit davon entfernt, Vorurteile gegenüber sexuellen Minderheiten schüren oder Pauschalurteile fällen zu wollen, so muss doch von dem Besuch des Herrenklos abgeraten werden. Nicht nur was das Publikum betrifft, sondern auch in Bezug auf den baulichen Zustand der Anlage kann man von desaströsen Verhältnissen sprechen. Die unterirdische Toilette vermittelt von oben den Eindruck, als sei sie längst aufgegeben. Sie liegt direkt auf dem Mittelstreifen der Osloer Straße an einer Straßenbahnhaltestelle, an der meist reger Fahrgastandrang herrscht. In der Umgebung gibt es keine andere Toilette und das ist wohl der Grund, weshalb die Anlage doch noch nicht aufgegeben ist.

Angeblich rückt hier dreimal täglich der Reinigungstrupp an, um klar Schiff zu machen. Leider war davon nichts zu merken. Nach einer Grundsanierung und mit Personal besetzt könnte sich diese Toilette wieder zu einer wichtigen und gern genutzten Einrichtung entwickeln. Bis es aber soweit ist, verkneifen sich die meisten der Straßenbahn-Umsteiger den Abstieg in die Vorhölle der Sanitärkultur.

Täglich 8-21 Uhr
Kostenlos

♥♥ 24 CAFÉ ACHTECK PEKINGER PLATZ

Dort, wo der Berlin-Spandauer-Schifffahrtskanal die Grenze zwischen Moabit und Wedding bildet, befindet sich auf Weddinger Gebiet eines der schön restaurierten Café Achtecks. Es steht auf dem Pekinger Platz, so heißt offiziell das winzige Areal, wo die Kiautschoustraße auf die Straße Nordufer trifft. Exakt an dieser Stelle stand schon 1880 eines der ersten Café Achtecks. Heute zeigt der Platz nach der Rekonstruktion wieder sein ursprüngliches Bild vom Anfang des 20. Jahrhunderts. Obwohl das Pissoir also nicht gerade zentral gelegen ist und man als Fremder – und als Kreuzberger sind wir im Wedding natürlich Fremde – schon etwas danach suchen muss, so ist es doch in der dicht besiedelten Gegend gut besucht.

Ohnehin scheint das Café Achteck ganz allgemein wieder ein im wahrsten Sinne des Wortes urtümlicher Bestandteil der alten Berliner Kieze zu werden. Die Moabiter haben wie beschrieben ja sogar schon zwei, während der ganze große Wedding nur dieses eine besitzt, das auch noch so hart an der Grenze zum Konkurrenzbezirk liegt. Wer als Moabiter beim Spaziergang an seinem Ufer, dem Friedrich-Krause-Ufer, die Blase spürt, der ist über den Torfstraßensteg ruck-zuck im Wedding und kann dort im Café Achteck auf dem Pekinger Platz sein Wasser abschlagen – und dabei feststellen, das auch dieses Pissoir sauber und gepflegt ist.

Durchgehend geöffnet
Kostenlos

25 CAFÉ ACHTECK SENEFELDER PLATZ ♥♥

Nun hat auch Prenzlauer Berg wieder sein historisches Café Achteck. Es steht auf dem Senefelder Platz an der Ecke Schönhauser Allee-Metzer Straße. Noch wird um das Pissoir herum gebaut und gebuddelt, aber schon jetzt ist zu erahnen, dass hier demnächst ein repräsentativer Stadtplatz, eine urbane Grünfläche, entstehen wird. Und das Café Achteck soll ein dekoratives Element des Ganzen werden, denn die altberliner Stehanstalten, wie sie einst genannt wurden, sind ja nicht nur praktisch, sondern auch schön. Die neue alte Anlage auf dem Senefelder Platz ist zudem baulich im besten Zustand und stets einwandfrei sauber.

Wer sich in der Nähe des Café Achteck einmal genauer umschaut, wird bemerken, dass an der Metzer Straße eine mit Pflanzen wild überwucherte Treppe hinab führt. Es ist nach näherer Inaugenscheinnahme die Zugangstreppe zu einer längst nicht mehr existierenden unterirdischen Toilettenanlage. Wir hätten die Treppe gar nicht zur Kenntnis genommen, wenn nicht über dem Eingang immer noch eine Lampe brennen würde. Hier hat wohl der letzte Toilettenmann vor Jahren vergessen, das Licht aus zu machen.

Durchgängig geöffnet
Kostenlos

♥♥♥ 26 PANKOW BREITE STRASSE AN DER KIRCHE

Doppelt hält besser. Das meinten die Stadtplaner offenbar bei der Aufstellung der beiden City-Toiletten vor der Pankower Kirche an der Breite Straße. Etwas eigenartig sehen sie schon aus, die beiden granitverkleideten Häuschen; wie eineiige Zwillinge stehen sie präzise ausgerichtet da. Natürlich stellt sich der Betrachter fast zwangsläufig zwei Fragen. Erstens: Gibt es hier wirklich einen solchen Bedarf an sanitären Einrichtungen? Und zweitens: Warum gibt es für solche Fälle nicht City-Toiletten mit zwei Kabinen?

Zwar ist die Breite Straße die Haupteinkaufsstraße des Villenvorortes Pankow, doch dass je ein solcher Andrang entstände, dass gleich zwei Anlagen der Befriedigung der Bedürfnisse dienen müssten, möchten wir doch nicht glauben. Auch die tadellose Sauberkeit beider Klos scheint uns nicht für eine übermäßige Inanspruchnahme zu sprechen.

Einfacher fällt es uns, die zweite Frage zu beantworten. Die City-Toiletten werden industriell in Serie gebaut. Und da lohnt es sich wohl nicht, für die wenigen Fälle, in denen zwei Kabinen gefragt sind, extra einen neuen Typ auf den Markt zu werfen.

Durchgehend geöffnet
50 Cent

27 HOHENSTAUFENPLATZ/ BOPPSTRASSE ♥♥

Der Platz, der sich vom Kottbusser Damm zur Schönleinstraße erstreckt, flankiert von der Boppstraße und der Lachmannstraße, heißt bei den Kreuzbergern nur Zickenplatz. Der Name rührt von der Bronzeplastik zweier aufeinander losgehenden Ziegen an der Ecke Kottbusser Damm, Lachmannstraße her. Den offiziellen Namen kennen viele gar nicht: Hohenstaufenplatz. Im Jahre 2001 wurde der Platz grundlegend umgestaltet. Alle Büsche hat man entfernt und eine übersichtliche Grünanlage geschaffen, dominiert vom einem großen Spielplatz.

Direkt am Kottbusser Damm, an der Ecke Boppstraße, befindet sich ein Toilettenhaus, das schon vor der Platzumgestaltung aufwendig renoviert wurde. Und das war auch mehr als nötig: Ein durchregnendes Dach, bröckelnde Fassade und eine weitgehend zerschlagene Inneneinrichtung machten den Besuch zu einem Horrortripp. Kein Wunder, wenn viele seinerzeit das Gebüsch auf dem Zickenplatz vorzogen. Alles Geschichte – heute erstrahlt der schmucke Bau in leuchtendem Weiß unter dem roten Ziegeldach. Alle paar Tage kann man die Maler beobachten, die wieder einmal die frischen Grafitti weiß überstreichen. Mal sehen, wer den längeren Atem hat, die Sprayer oder das Tiefbauamt.

Die frisch renovierte Anlage anvancierte rasch zu einem Schwulentreff. Zu allen Tages- und Nachtzeiten herrscht vor der Toilette sowie im Pissoir und im davon getrennten Kabinenbereich heftiger Andrang. Den Besuchern, die zur Erledigung des üblichen Geschäfts die geschäftige Stätte aufsuchen, missfällt das durchaus. Vor allem die Mütter, die mit ihren Kindern vom angrenzenden Spielplatz kommen, fühlen sich unbehaglich. Verständlich ist es also, wenn sie ihre Kinder – auch die Jungs – lieber in die Damentoilette schicken. Auch erwachsene Herren weichen gelegentlich hierhin aus. Dass sich weibliche Besucher dadurch ähnlich befangen fühlen wie sie selbst unter Schwulen, nehmen sie wohl in Kauf. Auf jeden Fall ist die Damenabteilung in einem relativ gepflegten Zustand und meist erstaunlich sauber – jedenfalls für eine Toilette, die nicht über einen Wärter verfügt.

Täglich 6-21 Uhr
Kostenlos

28 HERRMANNPLATZ ♥♥♥

Einst verfügte der Hermannplatz über eine der Untertageanlagen für das dringende Bedürfnis. Heute erinnert daran nichts mehr, aber auf dem selben Ort, an dem sich damals der Abstieg zur Toilette befand, steht nun eine der modernen City-Toiletten. Dieses Einmannobjekt muss also den Andrang bewältigen, für den ehedem eine umfangreiche Anlage zur Verfügung stand. Besonders zu Marktzeiten können sich schon mal kleine Schlangen bilden. Das granitverkleidete Häuschen muss dann zeigen, ob es die alte Anlage tatsächlich ersetzen kann. Und der Test hat ergeben: es kann. Auch nach kaum unterbrochenem Dauerbetrieb zeigte sich die Toilette noch in einem erstaunlich sauberen und aufgeräumten Zustand.

Erschwerend kommt beim Härtetest hinzu, dass es sich beim Hermannplatz um einen sogenannten sozialen Brennpunkt und um einen der bekanntesten Drogenumschlagplätze der Stadt handelt. Und ganz augenscheinlich wird auch die Toilette als Handelsplatz genutzt, doch verhindern die regelmäßigen, in kurzen Intervallen stattfindenden Besuche des Wartungspersonals, dass die Toilette auch als Drogenbunker missbraucht wird.

Die äußere Gestaltung der City-Toilette harmoniert aufs Beste mit der vor einigen Jahren vorgenommenen Neugestaltung des Hermannplatzes, der jetzt in seiner Gesamtheit im Stil der Postmoderne gehalten ist. Vielleicht ist das ein Grund dafür, dass wir an dieser Toilette noch nie ein Grafitto gesehen haben. Sollten die Neuköllner Schmierer, die sonst vor nichts halt machen, hier tatsächlich ein Einsehen haben und das hübsche Häuschen aus ästhetischen Gründen verschonen?

Durchgehend geöffnet
50 Cent
Behindertengerecht

♥ ♥ ♥ 29
für beide

TEMPELHOF FLUGHAFENTOILETTE UND CITY-TOILETTE

Dieses Klo kann man vom Mond aus sehen! Die kühne Behauptung stimmt insoweit, als dass das Abfertigungsgebäude des Flughafens Tempelhof das zweite Bauwerk auf der Erde ist, das sich mit bloßem Auge vom Mond aus erkennen lässt. Das erste ist die Chinesische Mauer. Natürlich nehmen die Toilettenanlagen des Flughafens nur einen verschwindend geringen Teil des riesigen Gebäudes ein. Sie befinden sich jeweils unter den beiden Eingangstrakten mit den Geschäften und sind von der großen Haupthalle aus durch Treppen links und rechts des Portals zu erreichen. Beide Anlagen, die praktisch spiegelverkehrt identisch sind, verfügen über einen geräumigen Damen- und auch Herrenbereich.

Eigentlich sind die großzügigen Anlagen überdimensioniert, denn so umfangreich ist der Luftverkehr von Tempelhof nach – zum Beispiel – Paderborn oder Saarbrücken nicht, als dass hunderte Fluggäste gleichzeitig hier einem dringenden Bedürfnis nachkommen müssten. Aber besser zu viel Platz, als zu wenig. Die Toiletten bieten zudem nicht nur viel Raum, sondern auch perfekte Sauberkeit, verströmem aber gleichzeitig noch heute die graue Tristess der Nazi-Massenabfertigung. Und das, obwohl die Einrichtung augenscheinlich aus den fünfziger Jahren stammt. Aber was kann man sich nicht alles einbilden.

Auf dem Platz der Luftbrücke selbst bietet an der Einfahrt zur Dudenstraße und damit direkt am U-Bahnausgang eine moderne City-Toilette den am Boden Gebliebenen die Möglichkeit, bequem ihr Geschäft zu verrichten. Auf der Rückseite des Baues – oder auf der Vorderseite, ganz wie man will – befindet ein kleiner türkischer Grill. Und der ist wirklich so klein, dass man ihn vom Mond aus nicht erkennt.

Flughafentoiletten durchgehend geöffnet, kostenlos
In der linken Anlage befindet sich eine Behindertentoilette, in der rechten statt dessen ein Wickelraum.
City-Toilette durchgehend geöffnet, 50 Cent
behindertengerecht

30 VIKTORIAPARK

Gleich drei Möglichkeiten hätten Besucher des Viktoriaparks, des Parks am Kreuzberg, wenn sie mal müssten. Hätten! Denn alle drei Toilettenanlagen waren bei Redaktionschluss geschlossen.

Die Ruine des Café Achteck an der Kreuzbergstraße, links neben dem Wasserfall, verfällt seit Jahren mehr und mehr. Der eingezäunte – gesicherte, heißt es offiziell – Schandfleck macht nicht den Eindruck, als wäre hier noch etwas zu renovieren oder zu restaurieren.

In dem Eckgebäude Kreuzbergstraße/Katzbachstraße wird noch der Imbiss betrieben. Wer von den Stammkunden sein Bier aber wieder los werden will, ist darauf angewiesen, sich in die nahen Büsche zu schlagen.

Die hochstehende – jedenfalls, was die Örtlichkeit angeht – Toilettenanlage links hinter dem Nationaldenkmal auf dem Kreuzberg schließlich ist auch vergammelt und verriegelt und verrammelt. Eigentlich sollte diese Anlage nach der durch die fehlende Heizung erzwungenen Winterpause am 15. April wieder eröffnet werden. Aber diesen Termin hat man verstreichen lassen. Vielleicht weil der Bezirk noch ganz andere Sorgen hat; so ist nicht einmal genug Geld vorhanden, um das Wasser für den berühmten künstlichen Wasserfall zu bezahlen!

♥♥ 31 CAFÉ ACHTECK CHAMISSOPLATZ

Das Café Achteck auf dem Chamissoplatz ist so etwas wie ein Meilenstein in der Denkmalpflege. Es ist nämlich das erste vollständig restaurierte Café Achteck, das nach jahrelangem Verfall dieser Anlagen wieder aufgestellt und seiner ursprünglichen Bestimmung zurück gegeben werden konnte. Es war quasi das Pilotprojekt für die Instandsetzung der später folgenden Urinalanlagen dieses Typs – und hoffentlich für die noch folgenden.

Der Bau auf dem Chamissoplatz an der Ecke Arndtstraße, der sich von Anfang an an dieser Stelle befand, wurde im Februar 1996 vollständig demontiert und in der Lauchhammer Eisengießerei restauriert. Im November 1996 wurden die restaurierten Einzelteile auf dem ursprünglichen Fundament wieder aufgebaut und die Anlage konnte feierlich wiedereröffnet werden. Finanziert wurde die Maßnahme von der Wall AG, die damit neben ihren Hightech-Toiletten auch ihr Herz für historische Klos entdeckte.

In den letzten sechs Jahren hat sich der Prototyp auf dem Chamissoplatz bestens bewährt und dient bis heute als Vorbild bei der Restaurierung historischer Gusseisen-Urinale. Beim Vergleich mit späteren Rekonstruktionen fällt auf, dass das Café Achteck auf dem Chamissoplatz ein helleres, fast frühlingshaft leuchtendes Grün zeigt als die anderen Anlagen. Auf jeden Fall passt es perfekt in die vorbildlich restaurierte Umgebung. Womit wieder mal bewiesen wäre, dass Kreuzberg auch schöne Ecken hat. Woran wir aber nie gezweifelt haben.

Durchgehend geöffnet
Kostenlos

32 TOILETTE IN DER GEDENK-BIBLIOTHEK AM BLÜCHERPLATZ ♥♥♥

Da sieht man mal, was ein einzelner Mensch bewirken kann. Jahrelang war die Toilettenanlage in der Gedenkbibliothek ein Ärgernis – sowohl für die Bibliotheksbesucher als auch für Toilettenbenutzer von "außerhalb". Die eigentlich erfreuliche Tatsache, dass sich die Toilette auch für Nichtbibliotheksbesucher so gut erreichen lässt – sie liegt im Keller unter dem Foyer, der Zugang ist gleich neben dem Haupteingang – sorgte dafür, dass viele der Trinker, die sich regelmäßig am nahe gelegenen U-Bahnhof Hallesches Tor treffen, hier auftauchten und den Ort in einem nicht sehr einladenden Zustand verließen – oder auch schon mal benutzten, um ihren Rausch auszuschlafen.

Jetzt hat die eher kleine Anlage eine eigene Toilettenfrau. Und allein die Anwesenheit von Annegret Schimmel hat die Situation schlagartig verbessert. Frau Schimmel hat am Fuße der Treppe, die zur Toilette führt, ihren Platz aufgebaut. Der Besucher sieht also schon von oben, dass er hier nicht unbeaufsichtigt rumsauen kann. Viele machen dann auch gleich wieder kehrt. Tatsächlich hat die Toilettenfrau von ihrem Platz aus jeden – potenziellen – neuen Besucher im Blick. Meist braucht sie den Zugang aber nur noch mit einem halben Auge zu überwachen und kann sich den Häkelarbeiten zuwenden.

Die Anlage ist im funktionalen Stil der sechziger Jahre gehalten, der Entstehungszeit der Gedenkbibliothek. Heimelig kann der Besucher sich unter den grellen Neonröhren nicht fühlen, aber den eigentlichen Zweck erfüllt diese Toilette allemal. Ein Mangel an Münzen ist übrigens kein Grund, dem Orte fernzubleiben, denn die Benutzung ist nach wie vor kostenlos. Aber natürlich klimpert es oft auf dem Tellern, denn für eine saubere Toilette geben die Besucher gern ein paar Cent – zumal solche, die sich noch an den einstigen Zustand erinnern.

Di-Sa 10-19 Uhr, Mo 13-19 Uhr, So geschlossen
Kostenlos

♥♥ 33 CITY-TOILETTE FONTANEPROMENADE

"Taxi zum Klo" hieß der schwule Kultfilm, der auch außerhalb der Szene Furore machte. Und Furore machte auch das Film-Klo. Schließlich war nicht irgendeine fiktive Toilette Ort der Handlung, sondern die Toilettenanlage an der Fontanepromenade. Mitten in Kreuzberg gelegen, einem alles andere als repräsentativen Stadtteil, ist die Fontanepromenade eine Ausnahmestraße. Die kurze Straße ganz in der Nähe des Südsterns ist tatsächlich so repräsentativ, wie der Name vermuten lässt. Ein breiter Grünstreifen wird auf beiden Seiten von gepflasterten Fahrspuren flankiert, zur Urbanstraße hin ist die Fontanepromenade für Autos gesperrt. Wir wüssten keine Straße in Kreuzberg, wo wir lieber wohnen würden.

An der Grünfläche zur Urbanstraße stand die im Film verewigte Toilette, ein schmuckloser Flachbau aus der Wiederaufbauzeit, wie sie damals in einheitlicher Form unzählige male überall im Stadtbild auftauchten. Es war wohl die schöne Lage und die Ungestörtheit der Anlage bei gleichzeitiger guter Erreichbarkeit – nicht nur mit dem Taxi –, die dafür sorgten, dass sich die Toilette in der Fontanepromenade zu einem beliebten Schwulentreff entwickelte. Aber das ist alles Geschichte. An der Stelle des einstigen Fünfzigerjahre-Baus steht heute eine automatische City-Toilette. Sie wird kaum frequentiert, denn Publikumsverkehr gibt es hier nicht. Wer sie als Spaziergänger doch einmal benutzt, findet sie stets tadellos sauber vor, fast jungfräulich. Die Schwulenszene hat den Ort verlassen und hat sich woanders hin verlagert, so etwa zum Zickenplatz. Wahrscheinlich steht die City-Toilette ohnehin nur hier aus Pietät, quasi als Mahnung und Erinnerung an die legendäre Anlage.
Taxis halten hier schon lange nicht mehr.

Durchgehend geöffnet
50 Cent

34 CAFE ACHTECK KARL-MARX-STRASSE/ KIRCHHOFSTRASSE ♥♥♥

Dort, wo Neukölln am meisten verslumt ist, kann man ein Wunder bestaunen: An der Karl-Marx-Straße steht ein Café Achteck, das nicht vermüllt ist, nicht beschädigt und nicht einmal mit Graffiti beschmiert. Damit hebt es sich von allen Bauten seiner Umgebung ab.

Die Vandalen haben nicht einmal die Mauer zur nahen Kirche und die Friedhofsmauer verschont. Man darf vermuten, dass der Reinigungstrupp, der die Anlage mindestens einmal täglich anfährt, alle Hände voll zu tun hat, um beim Wettlauf mit den Schmierern die Überhand zu behalten. Auf jeden Fall hat er noch nicht resigniert, womöglich im Gegensatz zu den Sprayern.

Die Anlage, die auf einem ursprünglichen Fundament wieder errichtet wurde, ist in einem guten baulichen Zustand. Allerdings lässt die Sauberkeit zu wünschen übrig. Der Uringestank ist nicht zu übersehen bzw. zu überriechen. Das kann man insofern verstehen, als dass das Pissoir stark frequentiert wird und eine Alternative nicht besteht. Die Möglichkeit, sein Wasser auf dem Friedhof abzuschlagen, gibt es auch nicht mehr, seit der Friedhof ständig abgeschlossen ist. Wer hier seine Angehörigen besuchen möchte, der braucht einen eigenen Schlüssel. So groß ist die Angst vor Vandalismus. Halten wir dem putzigen Gusseisenbau also die Daumen, damit er noch lange den Stürmen des Slums trotzt.

♥♥♥ ♥♥ 35 BAHNHOFSTOILETTE OSTBAHNHOF UND CITY-TOILETTE AUF DEM HERMANN-STÖR-PLATZ

Die Bahnhofstoilette im Ostbahnhof ist eine der wenigen Bahnhofstoiletten, die nicht von dem Schweizer Unternehmen McClean betrieben werden. So erreichen weder die Ausstattung noch die Preise das hohe Niveau der Schweizer. Mit 50 Cent ist man aber gut bedient. Die Anlagen sind sauber, wirken aber allzu steril. Offenbar sind sie nach dem Motto Pflegeleichtigkeit um jeden Preis geplant. Auch ein Sortiment an Körperpflegemitteln, von McClean her bekannt, sucht man hier vergebens. Kleiner Tip am Rande: Im Untergeschoss des Bahnhofs befindet sich neben zwei Supermärkten auch ein aufgeräumter und gut sortierter Drogeriemarkt.

Eine Alternative zur Toilettenanlage im Ostbahnhof ist die City-Toilette auf dem Hermann-Stör-Platz, an der Nordseite des Bahnhofs gelegen. Offenbar eine Alternative, von der zumindest Ortskundige regen Gebrauch machen, denn im Jahre 2001 stiegen die Benutzungszahlen auf über 20.000 an.

Bahnhofstoilette
Täglich 6-24 Uhr
50 Cent

City-Toilette
Durchgehend geöffnet
50 Cent

36 ELBESTRASSE AN DER SONNENALLEE ♥

Dort, wo die Elbestraße in Neukölln auf die Sonnenallee stößt, steht auf dem Mittelstreifen der Elbestraße, der ansonsten total zugeparkt ist, ein kleiner Bau im Stil der Gründerzeit mit einem schönen Kuppeldach. Dieses Dach wurde erst bei der Rekonstruktion des Baues dem Haus wieder aufgesetzt. Der Originalzustand ist äußerlich wieder hergestellt. Im Innern hat man dem Häuschen, bei dem es sich natürlich um eine Toilettenanlage handelt, eine neue Ausstattung verpasst. Allerdings wurde mit dem Raum nicht allzu geschickt umgegangen. Es steht nur ein Herren-WC zur Verfügung; die Damen bekamen zwei Kabinen. Das offene Pissoir an der Rückseite des Hauses wurde kaum verändert. Nur durch eine Sichtblende von den Passanten und den Unbilden der Witterung geschützt kann Mann sich hier erleichtern. Die Pinkelrinnen verfügen über keine funktionierende Spülung, und so ist der Gestank ein ziemlich penetranter.

Davon, dass die Anlage zweimal täglich gereinigt und gewartet wird, ist leider nicht viel zu spüren. Schade um das eigentlich schöne Häuschen. Stände der Bau in Zehlendorf, hätte man sicher ein architektonisches Kleinod daraus gemacht, Aber in Neukölln...

Täglich 8-21 Uhr
Kostenlos

♥♥ 37 U-BAHNHOF BRITZ SÜD

Nahe dem U-Bahnhof Britz Süd steht an der Ecke Fritz-Reuter-Allee/Gutschmidtstraße ein ziemlich abgenutzt wirkender 70er-Jahre-Bau. Es ist eine Toilettenanlage, wie sie früher häufig in der Stadt anzutreffen war – Damen, Herren und PP. Heute sind die meisten verschwunden. Diese Anlage hat im beschaulichen Britz überlebt und erfüllt dort brav ihre Aufgabe.

Obwohl die Toilette nicht mit Personal besetzt ist und äußerst stark frequentiert wird, ist sie erstaunlich sauber. Zweimal täglich wird die Anlage gereinigt, und das offenbar gründlich. Und wenn hier keine Zerstörungen und grobe Verschmutzungen festzustellen waren, so lag das sicher auch daran, dass sich direkt vor der Tür ein Taxistand befindet. Die Fahrer haben ein Auge auf "ihre" Toilette.

Älteren Angaben zufolge sollte die Toilette nur zu den Marktzeiten offen sein, aber davon hat man im Interesse der Notleidenden wohl Abstand genommen. Bei unserem Besuch jedenfalls stand die Toilette offen, obwohl der große Marktplatz, der sich hinter der Anlage ausdehnt, nicht mit Marktständen bestückt, sondern mit Autos zugeparkt war.

Man sollte der betagten Anlage eine Generalüberholung gönnen, dann wird sie sicher ihre segensreiche Aufgabe noch lange erfüllen. Wir werden es ihr danken.

Täglich 9-21 Uhr
Kostenlos

38 RUDOWER SPINNE

Rudower Spinne ist die völkstümliche Bezeichnung für einen Platz gegenüber dem U-Bahnhof Rudow, dem Endbahnhof der Linie 7. Woher der Name kommt, war nicht zu ermitteln. Vielleicht rührt er von der Tatsache her, dass von ihm gleich sechs Straßen – spinnenbeinähnlich? – abgehen. Aber haben Spinnen nicht acht Beine? Wie dem auch immer sei, auf dem Platz hat sich ein Fossil erhalten. Es eines der achteckigen, aus Beton gegossenen Fertigklos, wie sie in den frühen Achtzigern an mehreren Orten in Berlin in die Landschaft gesetzt wurden. Wir Älteren können uns an eines auf dem Mariannenplatz erinnern und fragen uns natürlich, wo das abgeblieben ist.

Die Anlagen waren nicht schön, aber praktisch. Aufgeteilt hatte man den Raum in zwei Damenkabinen, eine Herrenkabine und ein kleines Pissoir. Die Raumaufteilung war großzügig und die Ausstattung zweckmäßig. So jedenfalls unsere Erinnerung, denn die Anlage an der Rudower Spinne ist geschlossen. Die Busfahrer, die an der Spinne ihre Endhaltestelle haben und dort Pause machen, meinten, das Klo sei schon vor Wochen geschlossen worden "Wohl wegen Vandalismus". Die Theorie, die Toilette werde nur zu Marktzeiten geöffnet, kann auch nicht stimmen, denn ein Markt findet hier nicht statt. "Nicht mal ein Flohmarkt" versichert die Imbissbetreiberin an der Spinne. Busfahrer und Imbisskunden hoffen nun auf baldige Wiedereröffnung, denn ein anderes Klo gibt es weit und breit nicht. Wir hoffen mit und werden dem Klo weiter auf der Spur bleiben.

♥♥ 39 GUSSEISENANLAGE AUF DEM BOXHAGENER PLATZ

Auf dem Boxhagener Platz in Friedrichshain kann man ein historisches Gusseisenklo bewundern, das eine Weiterentwicklung der legendären Café Achtecks darstellt. Und zwar eine ganz entscheidende Weiterentwicklung, denn hier werden erstmals auch die dringenden Bedürfnisse der Damen befriedigt. Die Anlage ist in die beiden Hälften für Damen und Herren getrennt und natürlich sehr viel größer als ein Café Achteck. Die Farbgebung, also grün, hat man hier übernommen.

Jedenfalls ist die Anlage auf dem Boxhagener Platz so gestrichen. Was allerdings nicht viel besagen soll, denn die gusseiserne Bedürfnisanstalt ist ganz augenscheinlich frisch renoviert. Wiederaufgestellt wurde die historische Anlage, um den Besuchern des Wochenmarktes der seit 2002 auf dem Boxhagener Platz abgehalten wird Gelegenheit zur Erleichterung zu geben. Da sich der Markt bei unserem Besuch aus nur wenigen Ständen zusammensetzte, war der Besucherandrang noch gering. Das galt auch für die Toilette. So zeigte sich die innen modern mit Aluminium und Edelstahl ausgestaltete Anlage auch bei Marktschluss noch sauber und einladend.

Do 12-18 Uhr, Sa 9-13.30 Uhr (Marktzeiten)
Kostenlos

40 BAHNHOFSTOILETTE LICHTENBERG ♥♥♥ UND CITY-TOILETTE WEITLINGSTRASSE ♥♥

Zu Nachwendezeiten galt der Bahnhof Lichtenberg als einer der verrufensten Orte des Berliner Ostens. Die Bahnhofstoilette war praktisch rechtsfreier Raum, in dem sich brutale Skins niedergelassen hatten. Wollten anreisende Flüchtlinge aus Osteurpa die Toilette benutzen, wurden ihnen dafür horrende Summen abgepresst. Natürlich gehört diese düstere Fußnote der deutschen Nachwendegeschichte längst der Vergangenheit an. Der Bahnhof Lichtenberg hat sich gründlich gewandelt. Aus der düsteren Halle ist ein heller, fast freundlicher Bau geworden.

Dass auch die Toiletten an dieser Verwandlung teil hatten, versteht sich von selbst. Heute zeigen sich die sanitären Anlagen sauber, modern und komfortabel. Niemand muss mehr Angst haben, wenn er sich aufmacht zu diesem Örtchen. Und so richtig ausgeplündert wird er eigentlich auch nicht mehr. Mit 60 Cent ist der zu entrichtende Obulus vergleichsweise moderat.

10 Cent spart, wer die City-Toilette in der Weitlingstraße Ecke Einbecker Straße an der Südseite des Bahnhofs Lichtenberg benutzt. Hier gibt's Erleichterung zum Einheitstarif von 50 Cent.

Bahnhofstoilette
Täglich 6-24 Uhr
60 Cent

City-Toilette
Durchgehend geöffnet
50 Cent

♥♥♥♥ 41 BÖLSCHESTRASSE IN FRIEDRICHSHAGEN

Böse Zungen behaupten, in Friedrichshagen gebe es das längste Pissoir der Stadt. Sie meinen damit den Spreetunnel, einen Fußgängertunnel, der die Müggelspree am Zugang zum Müggelsee quert. Es handelt sich bei diesem Tunnel um ein interessantes Technikdenkmal, um einen historischen Senktunnel. Er wurde aus vorgefertigten Betonelementen schwimmend auf dem Müggelsee zusammengebaut, an der heutigen Stelle versenkt und anschließend leer gepumpt.

Soviel zur Technikgeschichte des Spreetunnels. Bei einem Besuch kann man sich davon überzeugen, dass die Lästerer mit ihrem Vergleich nicht ganz falsch liegen. Der strenge Uringeruch beweist den Wahrheitsgehalt der Anschuldigungen.

Aber natürlich gibt es in Friedrichshagen auch eine Toilette, die zu diesem eigenen Zwecke errichtet wurde. Sie steht in der Mitte der Bölschestraße auf dem Marktplatz. Die altertümliche Anlage harmoniert durchaus mit dem kleinstädtischen Charme der Straße, die als gerade Linie vom Bahnhof Friedrichshagen zum Müggelsee führt. Sie stellt in ihren gut 2.000 Metern ein schon zu DDR-Zeiten unter Schutz gestelltes Stadtensemble dar. Die ungewöhnliche Mischung aus Dorfanger und Stadtboulevard wird gesäumt von Linden. In der Mitte der breiten Straße fährt die Straßenbahn. Mittelpunkt der Straße bildet die Kirche am Marktplatz.

Der Toilettenbau wurde komplett saniert und umgebaut und beherbergt heute neben den modernen Sanitäranlagen eine kleine Touristeninformation. Der Bau ist heute ein kleines Schmuckstück. Ohnehin scheinen die Friedrichshagener keinen Hang zum Vandalismus zu entwickeln. Vielleicht liegt's ja an der fast dörflichen Beschaulichkeit, dass die schlimmste Missetat, die man ihnen zutrauen mag, darin besteht, einmal in den Spreetunnel zu pinkeln.

Täglich 18-21 Uhr
Kostenlos
Behindertengerecht

42 ALT MARIENDORF CAFÉ ACHTECK FRIEDENSTRASSE UND CITY-TOILETTE

♥♥ für beide

Der tiefe Süden Berlins ist für die öffentliche Toilettenkultur eine unerschlossene Region. Das ist eigentlich kein Wunder, denn man trifft hier kaum auf Menschen, die sich von weiter her nach Marienfelde etwa oder Lichterade aufmachen. Fast jeder ist Anwohner und erledigt seine Geschäfte am liebsten zu Hause. Einen Punkt aber gibt es, an dem auch im Süden Bedarf an Bedürfnisanstalten besteht. Am U-Bahnhof Alt-Mariendorf warten die Pendler und Shopper auf die Busse an den Stadtrand. Das kann schon mal länger dauern, so dass sich bei manchem die schwache Blase meldet.

Für die Herren bietet seit einiger Zeit ein historisches Café Achteck Erleichterung. Der grüne Bau steht in fast schon anzüglicher Nähe zum Bussteig in der Friedenstraße. Die historische Form des Pissoirs passt sich recht gut an die Umsteigeanlage ein, die selbst leicht historisierende Stilelemente aufweist. Trotz des regen Besuchs zeigt sich das Café Achteck, das hier früher nie gestanden hat, recht sauber. Am Café Achteck fehlte leider ein Hinweis auf eine moderne City-Toilette am Mariendorfer Damm Ecke Alt-Mariendorf. Gerade einmal an einem Ampelmast am Mariendorfer Damm konnte wir ein kleines Hinweisschild entdecken. Die City-Toilette steht auf einer winzigen, aber gepflegten Grünfläche, sie erhebt sich quasi aus dem Blumenbeet. Stammgäste kennen die Anlage sicher, für die anderen sollte man auf jeden Fall zumindest an der Umsteigestelle auf die City-Toilette hinweisen. Wäre doch schade, wenn das schöne Klo ungenutzt bliebe.

Café Achteck
Durchgehend geöffnet
Kostenlos

City-Toilette
Durchgehend geöffnet
50 Cent

♥♥ 43 STEGLITZ MARKTTOILETTE MOLTKEPLATZ

Wochenmärkte in gut- bis großbürgerlichen Vierteln sind heutzutage viel mehr, als nur die Gelegenheit, etwas einzukaufen. Vielmehr haben sie hier schon fast wieder ihre ursprüngliche historische Funktion erreicht, nämlich dem gesellschaftlichen Austausch zu dienen. Man sieht sich, man grüßt sich – oder auch nicht – man trifft sich, man tratscht. Kurz, man zeigt, dass man dazugehört; zur Dorfgemeinschaft, zur erbgesessenen Bürgerschaft, zur local gentry.

Ein solcher Markt findet – sogar zweimal in der Woche – auf dem Moltkeplatz in Lichterfelde statt. Dienstag und Freitag haben hier die sprichwörtlichen Zahnarztgattinnen Gelegenheit, sich auszutauschen. Am Sonnabend kommen auch noch die Zahnarztgattinnengatten dazu. Für alle Beteiligten ist es gut zu wissen, dass für den Fall, dass sich ein menschliches Bedürfnis regt und so die Konversationsfähigkeit einschränkt, eine WC-Anlage bereitsteht. An und in der Markttoilette auf dem Moltkeplatz ist alles so, wie wir es erwarten: sauber, ordentlich, unspektakulär, aber baulich in einem Zustand, der eigentlich der Gegend nicht angemessen ist. Während eines Vormittags wird immerhin zweimal saubergemacht. Auf solch ein Klo kann sich auch ein Lichterfelder Honoratior trauen. Aber schöner ist es natürlich auf der Toilette der eigenen Villa.

Di, Fr von 6-15 Uhr
Kostenlos

44 WANNSEE-ANLEGESTELLE ♥♥

Dass eine Seefahrt lustig ist, stimmt sicher. Die Lustigkeit stößt aber leicht an ihre Grenzen, wenn der Wannseereisende gezwungen ist, die Bordtoilette der Ausflugsdampfer aufzusuchen. Manch einer wünscht sich dann an Land zurück – und auf die Toilette an der Wannsee-Anlegestelle.

Dort nämlich ist es bequem und geräumig. Die komfortablen Toiletten sind in einem separaten Gebäude untergebracht, das den großen Vorplatz der Anlegestelle flankiert. Rechts und links stehen zur gleichen Zeit und im gleichen Stil errichtete Bauten, die die Verkaufsstellen der Reedereien und eine Gastronomie beherbergen. Der Toilettenbau teilt sich in ein eine Damentoilette, eine Herrentoilette, einen großen Pissoirbereich und eine separate Behindertentoilette. Was dem aufmerksamen Beobachter nicht entgeht: Der Toilettenbau ist deutlich besser in Schuss als die beiden anderen Häuser – von außen jedenfalls. Innen zeigt sich der Toilettenbau bei unserem Besuch halbfertig renoviert. Offenbar war man noch nicht ganz fertig geworden mit der Verschönerung zum Saisonstart. Die Anlage macht nämlich Winterpause und öffnet jeweils vom 1. April bis 31. November. Wir waren an einem regnerischen Tag Anfang April am Wannsee, es kann also noch was werden mit den Renovierungen, zumal der Schiffsverkehr noch nicht eröffnet war (Ausnahme: die BVG-Fähre).

Während von Handwerkern nichts zu sehen war, hatten die Saubermänner ganze Arbeit geleistet. Alles war frisch gewischt und roch nach Scheuermittel. Hoffen wir mal, dass auch dann, wenn der Massenansturm auf die Ausflugsdampfer und damit die Anlegestelle losbricht, die Anlage sich noch so proper zeigt. Spätestens am 1. Mai kommt der Härtetest für diese Toilette.

Täglich 6-21 Uhr (von Dezember bis März Winterpause)
geplant ist, die Anlage zeitweise mit Personal zu besetzen
Kostenlos

45 VOLKSPARK WILMERSDORF

In Wilmersdorf zieht sich ein Grüngürtel in Ost-West-Richtung von der Martin Luther Straße bis zur Rudolstädter Straße hin. Diese Anlage, die meist in ihrer Gesamtheit Volkspark Wilmersdorf genannt wird, ist einer der beliebtesten Erholungsparks der Stadt. Bei schönem Wetter strömen ganze Heerscharen auf die Spiel- und Liegewiese zum Ballspielen und Frisbee-Werfen, zum Meditieren und Jonglieren, zum Picknick oder nur zum Sonnenbaden.

Viele werden dann irgendwann von einem menschlichen Bedürfnis geplagt und versuchen sich daran zu erinnern, wo das Häuschen stand, das einem Erleichterung verschaffen könnte. War man nicht im Winter an einer öffentlichen Toilette öfter vorbeigekommen? Wir helfen Ihrem Gedächtnis auf die Sprünge: Der tatsächlich recht unspektakuläre Bau steht an der Livländischen Straße am Nordrand des Parks, etwa auf halber Strecke zwischen Bundesallee und Blissestraße. Man hat also die Toilette ganz gerecht in die Mitte des langgestreckten Grüngürtels gebaut. Der Notdürftige hätte es also von überall gleich weit. Theoretisch, denn die wenigsten werden sich – wenn's pressiert – auf den langen Weg von einem der östlichen oder westlichen Enden des Parks machen, um zu diesem Klo zu gelangen.

Nach der im Frühjahr 2002 begonnenen und bei Redaktionsschluss noch nicht abgeschlossenen Renovierung soll sich das Häuschen innen und außen in neuem Glanz zeigen. Aber bis dahin werden sich einige Ausflügler wohl noch in die Büsche schlagen müssen.

46 THEODOR-HEUSS-PLATZ UND
47 BUSBAHNHOF

♥♥♥
♥♥

Was den Bahnhöfen recht ist, soll nun auch dem ZOB, dem Zentralen Omnibus-Bahnhof, billig sein: Aufwertung der Station durch schickere Toilettenanlagen. Obwohl: Billig wird es sicher nicht, wenn die Pläne für eine völlige Umgestaltung der unterirdischen Anlage in die Tat umgesetzt werden. Dafür sehen die Entwürfe, die die Wall AG ausgearbeitet hat, aber ein echtes Designer-Klo vor. Dazu gehört auch eine Verlegung der Treppen und somit die Schaffung eines einladenden Eingangsbereichs. Zudem soll endlich – ebenerdig – eine Behindertentoillette eingebaut werden.

Aber noch ist es ja nicht so weit. Vorerst hat man eine einfachere, aber gleichwohl wirkungsvolle Methode angewandt, die desolate Toilettensituation zu verbessern. Und die heißt Personal. Seit die Toilette eine ständige Betreuung hat, ist schon vieles besser geworden. Vor allem die Drogensüchtigen, die sich hier niedergelassen hatten und viele Reisende das Fürchten lehrten, sind jetzt verschwunden. Vorher hatte man versucht, dem Problem dadurch Herr zu werden, dass man einfach die Beleuchtung verringerte "Damit die Junkies nicht mehr sehen konnten, wohin sie mit ihrer Spritze stechen" wie eine der neuen Toilettenfrauen erläutert. Klar, dass diese Maßnahme auch dazu führte, dass nicht nur ältere Reisende sich in dem dunklen Verließ nicht mehr zurecht fanden – wenn sie sich denn notgedrungen überhaupt hinab gewagt hatten.

Jetzt ist alles strahlend hell und sauber. Besonders schön ist die Anlage mit ihrer grobschlächtigen 70er-Jahre-Anmutung natürlich immer noch nicht, aber damit passt sie ja nur zu gut in die nähere und weitere Umgebung. Aber warum soll eine Sitzung hier unten einem höheren ästhetischen Anspruch genügen als, der Aufenthalt in der Wartehalle? Schließlich sind wir hier, um unser Geschäft zu erledigen.

Nicht unerwähnt bleiben soll ein anderes in der Nähe gelegenes Klo, die Toilettenanlage am Theodor-Heuß-Platz. Manche Reisende, die längere Zeit auf einen Bus warten müssen, entfliehen ohnehin der tristen Atmosphäre des ZOB und bummeln zum Theodor-Heuß-Platz. Gut zu wissen, dass auch dort, wenn Not am Mann ist, eine Bedürfnisanstalt zur Verfügung steht. Die Anlage ist meist leidlich sauber, ist aber nicht mit Personal ausgestattet. Die ZOB-Toilette ist also auf jeden Fall die bessere Wahl.

Täglich 5-22 Uhr
Kostenlos, 30 Cent werden erbeten

48 OLYMPIASTADION UND WALDBÜHNE

Aufs reine Massengeschäft ausgelegt – das sind die beiden Toilettenanlagen auf dem Olympiagelände. Beide sind nur bei Veranstaltungen geöffnet. Dann aber herrscht jeweils Hochbetrieb.

Eine Toilettenanlage befindet sich im Gutsmuthsweg nahe dem Olympischen Tor. Wer also auf dem Weg vom U-Bahnhof Olympiastadion oder vom S-Bahnhof Olympiastadion zum Olympiastadion von einem unbändigen Blasendrücken geplagt wird, der kann sich hier Erleichterung verschaffen. Und das sind oft viele, denn den Sixpack Schultheiß darf man ja aus Sicherheitsgründen nicht mit ins Stadion nehmen und muss ihn also noch rechtzeitig in der U-Bahn wegschlucken. Wenn's dann mal eng wird in der Toilettenanlage Gutsmuthsweg, halten die stresserprobten Toilettenfrauen und -männer ihre Kundschaft solange mit flotten Sprüchen bei Laune.

An ein sehr unterschiedliches Publikum sind die Gelegenheitsklobesatzungen der anderen Anlage gewöhnt. An der Passenheimer Straße liegt ihre Toilette, und damit am Zugang zur Waldbühne, die man am günstigsten von der S-Bahnstation Pichelsberg erreicht. In der Waldbühne finden sowohl Rockveranstaltungen der wilderen Art und Wolfgang Petri Auftritte, als auch die beliebten Klassikkonzerte der Philharmoniker statt. Wer von den Toilettenleuten mit welchem Publikum besser zurecht kommt, ist eine Frage der persönlichen Mentalität. Aber so ist es ja mit vielen Dingen im Leben.

Geöffnet nur bei Veranstaltungen
Benutzungsgebühren je nach Veranstaltung unterschiedlich

♥♥♥♥ 49 **SPANDAUER MARKT**
mindestens!

Die ultimative Toilette, es gibt sie wirklich. Und zwar unter dem Pflaster des Marktes in Spandau. Modernste technische Ausstattung, hoher ästhetischer Anspruch und perfektes Personal – das vereinigt das Vorzeigeobjekt der Wall AG. Hier wird demonstriert, wie und was eine Toilette im Idealfall sein kann. Der angenehme Eindruck beginnt schon an der Oberfläche, also auf dem Spandauer Markt. Hell und freundlich, mit viel Glas präsentiert sich der Eingang mit dem neugebauten Fahrstuhl. Doch einerlei, ob der Besucher über die Treppe oder mit dem Fahrstuhl kommt, ihn umfängt sogleich ein edel-modernes Ambiente; blau, türkis und silbrig zeigt sich die gesamte Anlage, die wie aus einem Guss wirkt.

Der Zutritt zu den Kabinen ist mit Drehkreuzen versehen, die sich nach Einwurf von 20 Cent passieren lassen. Wer's nicht passend hat, der kann am Automaten Münzen wechseln. Frei und ungehindert gelangt man zu den Pissoirs und zu der Behindertentoilette. Diese Toilette ist vollgestopft mit Sensortasten, mit deren Hilfe der Behinderte das Becken und das Waschbecken in jede erdenkliche Position bringen kann. Tatsächlich haben wir etwas so modernes vorher noch nicht gesehen. In dem geräumigen Behinderten WC befindet sich auch ein aufklappbarer Wickeltisch, der sogar – kleine Kuriosität am Rande – über einen Anschnallgurt für das Baby verfügt.

Auch die normalen Kabinen sind sehr geräumig und mit viel Sensortechnik ausgestattet. Doch alle Technik vermag den Menschen nicht zu ersetzen, und so ist der entscheidende Punkt auch hier das Personal. Schließlich nimmt die Wall AG für ihre Spandauer Toilette in Anspruch, nicht nur die modernste Anlage Europas zu betreiben, sondern auch die höchsten hygienischen Standards zu erfüllen. Das heißt also: Sauberkeit steht an oberster Stelle. Dafür sorgen die vier Wartungsinspektoren, von denen immer einer vor Ort ist. Die Wartungsinspektoren möchten nicht mit Toilettenwärtern verwechselt werden, stellt doch die hochtechnisierte Anlage in Spandau höhere Ansprüche ans Personal als den routinierten Umgang mit der Klobürste. Darauf verweist auch Jan Koelle, der sich mit drei Kollegen in drei

Schichten den Dienst teilt. Nicht ohne Stolz verweist er darauf, einen speziellen Kurs zur Befreiung von Steckengebliebenen aus dem gläsernen Aufzug absolviert zu haben. "Da hat mich der TÜV extra hier vor Ort geprüft. Jetzt kann ich sofort helfen und brauche nicht bei der Aufzugsfirma anzurufen." Wie oft denn jemand steckenbleibe? "So etwas passiert nie!" Das stärkt unser Vertrauen in die Technik. Aber Koelle ist nicht nur technisch fit, er begeistert sich auch für die Schönheit seines Arbeitsplatzes - und geht in die Knie, um fast zärtlich die glänzenden Bodenfliesen zu streicheln. "So was finden Sie nirgends. Die blauen Einschlüsse, die beim Schleifen sichtbar geworden sind, sind Halbedelsteine. 380 Mark kostet da der Quadratmeter. Natürlich ohne Verlegen." Wir sind entsprechend beeindruckt und haben keinen Zweifel mehr, dass sich hier ein echter Enthusiast mit seinem Arbeitsplatz identifiziert. Auch einen Verbesserungsvorschlag zur weiteren Perfektionierung der Anlage hat Koelle eingereicht: Die Kabinen sollen mit Lichtschranken ausgerüstet werden, so dass dann beim Verlassen der Kabine automatisch gespült wird. Lohnt sich soviel Engagement wirklich? "Es freut mich immer, wenn die Leute meine Toilette bewundern. Manche sind sogar so begeistert, dass sie immer mal wieder vorbeikommen, auch, wenn sie gar nicht richtig müssen." Zu diesen Leuten gehören wir jetzt auch, und wenn wir das nächste mal in Spandau sind, steht ein Besuch der Lieblingstoilette ganz oben auf dem Zettel.

Mo-Sa 7-23 Uhr, So 9-21 Uhr
20 Cent, Benutzung des Pissoirs kostenlos
Behindertengerecht

♥♥♥♥ 50 BAHNHOF SPANDAU

Die Zeiten der finsteren, schmuddeligen Bahnhofstoiletten ist auch in Spandau vorbei. Der neue gläserne Bahnhof in Spandau ist offiziell ein Fernbahnhof, wenngleich nur wenige Fernzüge hier halt machen. Immerhin hat dieser Status dafür gesorgt, dass der Bahnhof über eine der modernen WC-Anlagen des privaten Toilettenkonzerns Mc Clean verfügt. Und der Name ist auch tatsächlich Programm: Alles ist vorbildlich sauber. Dafür sorgen die Zweimann-Besatzungen, die sich ständig um die Anlage kümmern. Oder besser: Zweifrauen-Besatzungen. So etwa das fröhliche Gespann Österreicher - Knoop. Weil auf dem Bahnhof Spandau meistens nicht gar so viel Andrang herrscht, wie auf den übrigen Fernbahnhöfen, haben die beiden Damen neben ihren eigentlichen Aufgaben immer mal wieder etwas Zeit, ein Pläuschchen mit ihren Gästen zu halten.

Die Anlage selbst ist modern und großzügig gestaltet; geräumige Kabinen, eine Behindertentoilette, in dem auch ein Wickeltisch untergebracht ist und die übersichtliche Aufteilung gestalten den Aufenthalt angenehm. Farbiges Glas und Edelstahl dominieren. Die Räume wirken wie aus einem Guss und lassen die Hand des geschickten Innendesigners erkennen. Man gelangt durch ein Drehkreuz in die Mc Clean Toilette. Vorher muss der Besucher 80 Cent in den Automaten stecken – deutlich mehr, als in Spandau üblich ist. Schließlich offeriert die Wall AG in diesem Bezirk den Toilettengang sowohl im Vorzeigeklo auf dem Markt, als auch in den automatischen City-Toiletten für 20 Cent. Aber diesen Vergleich lassen Frau Österreicher und Frau Knoop nicht gelten. Schließlich müsse sich das Geschäft mit dem Geschäft für Mc Clean selbst tragen und werde nicht durch Werbetafeln mitfinanziert. Dennoch weicht natürlich manch Ortskundiger auf die Automatiktoilette vor dem U-Bahneingang in der Fußgängerzone, der Carl-Schurz-Straße, aus. Aber auf die gute Laune der beiden Damen vom Klo muss man dort verzichten.

Täglich 6-24 Uhr, 80 Cent, Kinder bis 12 Jahre gratis
Separate Behindertentoilette

TOILETTENMETROPOLE SPANDAU
51 SPANDAU HASELHORSTER DAMM
52 SPANDAU JUGENDPLATZ
53 SPANDAU MAGISTRATSWEG
54 SPANDAU MÖNCHSTRASSE

Spandau war ja schon immer etwas anders als Berlin. Etwas besser, würden die Spandauer sagen. Was die Einstellung zu den öffentlichen Toiletten angeht, so könnten die Spandauer recht haben. Hier gibt es mehr und bessere und billigere Toiletten als in Berlin. Die Kahlschlag-Politik, bei der öffentliche Toiletten rücksichtslos abgerissen wurden, hat man in diesem Bezirk gleichfalls nicht mitgemacht. Zwar wurden einige Anlagen geschlossen, doch sind sie erhalten geblieben und werden nun bei besonderen Gelegenheiten wieder eingesetzt. Die besonderen Gelegenheiten sind beispielsweise Märkte und Flohmärkte.

So wird die ansonsten geschlossene Toilette auf dem Jugendplatz in Siemensstadt jeden Montag und Donnerstag wieder aufgesperrt, wenn hier Markt ist. Der Marktmeister ist für die Anlage verantwortlich.

Der Flomarktveranstalter Hering hat die Verantwortung für die Toiletten am Haselhorster Damm in Haselhorst und Magistratsweg in Staaken übernommen. Und die zentral gelegene Anlage in der Mönchstraße 8, im Herzen der Altstadt gelegen, ist trotz der nahen hypermodernen Anlage auf dem Spandauer Markt weiter in Betrieb.

Eine toilettenverwöhnter Spandauer, den es nach Berlin verschlägt, muss sich dort wie in der Diaspora fühlen. Vielleicht kommt er ja deshalb immer wieder zurück.

♥ 55 SCHÄFERSEE IN REINICKENDORF

Einmal rund um den Schäfersee – das ist die klassische Hundeausführstrecke der Reinikendorfer, die im Einzugsgebiet der Residenzstraße leben. Dazu sollte man erstens wissen, dass der Schäfersee sich eigentlich Schäferteich nennen müsste, so klein wie er ist. Und zweitens, dass das Reinickendorf der Residenzstraße nichts mit dem Reinickendorf der Fronauer gemein hat, sondern allzu deutlich seine Nähe zum Wedding zeigt.

Wo wir schon dabei sind, Vorurteile gegenüber bestimmten Stadtteilen zu kultivieren, können wir uns auch gleich versuchen auszumalen, wie eine Toilette in dieser Gegend aussehen wird. Die Ortsbesichtigung bestätigt unsere Vorstellung: Die Toilettenanlage am Schäfersee, gelegen direkt an der Residenzstraße, zeigt sich in einem ziemlich trostlosen Zustand. Leicht baufällig ist das Gebäude und alles andere als einladend. Dabei hätte man mit etwas Geschick und Stilempfinden den 60er-Jahre-Charme des Baues erhalten können. Wie viele ähnliche Anlagen dieser Jahre ist auch der Pavillon am Schäfersee eine Kombination aus Kiosk und Klo. In manchen Städten ist man dazu übergegangen, die Toiletten in die Verantwortung der Kioskbetreiber zu überführen, teilweise mit guten Ergebnissen.

Wir wissen nicht, ob die Toilette am Schäfersee dann einen besseren Eindruck hinterlassen hätte. Besonders das Pissoir erregt Missfallen. Man kann sich nur schlecht vorstellen, dass hier tatsächlich zweimal am Tag der Putztrupp anrückt. Leider gibt es zu diesem Klo keine Alternative. Die nächsten modernen City-Toiletten befinden sich in Wedding und in Tegel. Also: Nase zu und durch.

Täglich 8-20 Uhr
Kostenlos

30
ZONE
TOILETTEN
BILD
Bild

TOILETTEN
TOILETTEN

♥♥ 56
für beide 57

CITY-TOILETTE UND CAFÉ ACHTECK AM U-BAHNHOF ALT-TEGEL

Große Geschäfte scheint man in Alt-Tegel abzuwickeln. Hier nämlich verbucht eine City-Toilette Spitzenumsätze, obwohl das Café Achteck auf der gegenüber liegenden Straßenseite seine Dienste gratis anbietet, jedenfalls den Herren. Fast 34.000 Benutzungen verzeichnete die City-Toilette am U-Bahnhof Alt-Tegel im Jahre 2001. Damit gehört das Häuschen vor dem C&A-Laden zur Spitzengruppe. Man kann nur über die Gründe spekulieren. So lässt sich vermuten, dass sich viele der Pendler, die am U-Bahnhof Alt-Tegel, dem Endbahnhof der Linie 6 warten, vor der Weiterfahrt mit den Bussen an den Stadtrand und ins Umland noch einmal Erleichterung verschaffen wollen.

Das gegenüber liegende Café Achteck steht auf einem Fleck, an dem sich unseres Wissens nie eine solche historische Anlage befand. Gleichwohl steht es hier genau richtig, denn es erfreut sich regen Zuspruchs. Zwar lassen sich die Benutzungszahlen für ein Café Achteck nicht ermitteln, doch hätte diese Anlage sicher alle Chancen auf einen Spitzenplatz. Angesichts der starken Frequentierung sei die geringe Geruchsbelästigung positiv hervorgehoben.

Während sich die Toiletten nicht über Mangel an Kunden beklagen können, geht es dem Kiosk, der mit der City-Toilette verbunden ist, augenscheinlich weniger gut. Seit geraumer Zeit ist er nicht mehr geöffnet, und in den Fenstern fangen die ausgehängten Playboys allmählich an zu verblassen.

Durchgehend geöffnet
50 Cent

58 CAFÉ ACHTECK AUF DEM FELLBACHER PLATZ

♥♥♥♥

Vergessen Sie zum Schluss alles, was Sie über das Café Achteck je gehört haben. Von wegen nur für Männer! Auf dem Fellbacher Platz, gleich am S-Bahnhof Hermsdorf, beweist der achteckige grüne Bau das Gegenteil. In dieser ersten, einzigen und einmaligen Anlage kommen jetzt auch die Damen zum Zuge.

Tatsächlich haben die Toilettentüftler der Wall AG hier in die historische Hülle eines alten Café Achteck eine moderne Toilettenanlage eingebaut. Jetzt finden jeweils zwei Kabinen für Herren und Damen im Häuschen Platz. Sogar ein kleines Waschbecken pro Geschlecht haben die Techniker noch unterbringen können. Seit Ende 2001 steht das moderne Klo in historischem Gewand nun auf dem Fellbacher Platz und erfreut sich enormer Beliebtheit bei Vertretern beiderlei Geschlechts. Besonders, wenn Wochenmarkt auf dem Fellbacher Platz ist, herrscht reger Betrieb. Das Hermsdorfer Pilotprojekt weckte auch sogleich Begehrlichkeiten bei Bewohnern anderer Viertel. Zumal auf dem Fellbacher Platz niemals ein "echtes" Café Achteck gestanden hatte. Die Fronauer jedenfalls meinen, dass sich auf ihrem Zeltinger Platz mit seiner ganzen Historie ein modernes Café Achteck auch sehr gut machen würde.

Täglich durchgehend geöffnet
Kostenlos

DIE WUNDERWELT DES WASSERKLOSETTS

Klo-Kuriositäten begegnen einem in Berlin und dem Rest der Welt. Bisweilen allerdings muss man schon genauer hinschauen. Dann nämlich, wenn es sich um Konversionskuriositäten handelt, also um Umnutzungen von Toiletten. Das Eiscafé auf dem Wittenbergplatz (siehe Toilettenliste Nr. 9) lässt sich nur dann als Ex-Klo erkennen, wenn man um die Vergangenheit des hübschen Häuschens weiß. Bei der Touristeninformation in der Friedrichshagener Bölschestraße (siehe Toilettenliste Nr. 41) hat sich noch eine Resttoilette erhalten, so dass der aufmerksame Besucher die ursprüngliche Anlage erahnen kann. In Neukölln befindet sich in der Weserstraße, Ecke Reuterplatz ein Spielhaus, das nicht nur, aber vor allem bei schlechtem Wetter eine Alternative zu dem großen Spielplatz auf dem Reuterplatz darstellt. Es ist ein Angebot, das in dem dicht besiedelten Elendsviertel mit seinen vielen kinderreichen Familien gern angenommen wird. Viele Neuköllner werden sich noch an die ursprüngliche Funktion des Backsteinhauses erinnern: Hier war einst eine große Toilettenanlage und ein Kiosk mit Imbiss untergebracht. Erst schloss das Klo – und die Biergenießer erleichterten sich von da an in der Grünanlage auf dem Reuterplatz – , dann wurde auch der Imbiss stillgelegt und die Anlage gammelte jahrelang vor sich hin. Nun also ist sie mit neuer Funktion aus dem Dornröschenschlaf erwacht.

Die bekannteste Umnutzung einer Toilette in Berlin ist mittlerweile Geschichte. Es geht – richtig geraten – um die ehemalige öffentliche Toilettenanlage am Potsdamer Platz. Ältere Mitbürger und Besucher der Stadt Westberlin erinnern sich vielleicht noch an diese unterirdische, aus der Vorkriegszeit stammende Anlage. Zu Zeiten der geteilten Stadt befand sich über ihr eine Anlaufstelle für Touristenbusse. Es gab dort jede Menge Souvenierbuden und einen sehr bekannten Hochstand, von dem man einen beklemmenden Blick über den Potsdamer Platz, zu jener Zeit leer, öd, Sperrgebiet und vermint, werfen konnte. Und man hatte eben hier die Möglichkeit, während einer Unterbrechung der Sightseeingtour schnell mal zu verschwinden.

Nach dem Fall der Mauer wurde dieser Ort uninteressant für den Tourismus, die Toilettenanlage geschlossen und die sanitären Anlagen ausgebaut. Aber wie zu jener Zeit überall im für Wessis und geschäftstüchtige Ausländer neu zu erschließenden Terrain Ostberlin blieb auch diese abenteuerlich anmutende Lokalität nicht lange ungenutzt. Eine ganze Zeit lang wurde dort unten zwischen staubigen Mauerresten heftig nach Hip-Hop-Klängen getanzt, gehopst und geschwitzt, eine bekannte Biermarke und billiger Wein ausgeschenkt. Um die Treppe in die angesagte Location hinabsteigen zu dürfen, musste allerdings vorher ordentlich Eintritt abgedrückt werden. Wer nach dem Biergenuss ein Bedürfnis verspürte, dem blieb nichts anderes übrig, als die Treppe wieder hinaufzusteigen und in eines der olfaktorisch meist unangenehmen Plastik-Häuschen einzukehren, die man von Jahrmärkten und ähnlichen Veranstaltungen kennt.

Mittlerweile ist die Partyszene längst weitergezogen, und die Anlage existiert nicht mehr. Wo man sie heute unter all den neuen schwindelerregenden Wolkenkratzern vermuten könnte? Wir wissen es nicht.

Auch einen Nachruf wert ist die Toilette des schon seit einigen Jahren abgewickelten Planet Hollywood. Natürlich hieß die megaluxoriöse Anlage in diesem Erlebnisgasthaus der schrillen amerikanischen Art nicht Toilette, sondern restroom. Und dort wurde dem deutschen Gast vorgeführt, was man in den USA unter Dienstleistungsgesellschaft zu verstehen hat. Die jungen Damen der Service-Crew, bei deren Auswahl augenscheinlich nicht nur Charme, sondern auch äußere Attraktivität eine Rolle gespielt haben, überreichten ihren Besuchern nicht nur persönlich Seife und Handtücher, sie versorgten sie auch fachkundig mit allerlei edlem Eau de Toilette – selbstverständlich alles gratis. In dem restroom für die Damen befand sich ein Thron, auf dem die Ladys Platz nahmen, um sich die Beine zu rasieren.

Um ähnliche Luxusklos zu entdecken, fährt man heute am besten nach Korea. Dort wurde im Jahre 2001 eine neunmonatige nationale Kampagne durchgeführt, um die bis dato ziemlich daniederliegende Toilettenkultur zu heben. Tatsächlich war die Kampagne ein enormer Erfolg und in Korea spricht man mittlerweile von einer Kulturbewegung. Im Zuge dieser Bewegung werden auch Sightseeing Touren durch öffentliche Toiletten angeboten. Allein 50 modellhafte Toiletten umfasst die Tour durch Seoul. Einige bieten Plüschsofas zum Entspannen vor und nach der Sitzung, andere bieten Raucherabteile mit – liebe türkischen Mitbürger, bitte nicht aufregen! – türkischen Wasserpfeifen. Das einzigartige Design und Dekor einiger Bedürfnisanstalten hat diesen Einrichtungen sogar einen Platz auf der amtlichen Liste der touristischen Sehenswürdigkeiten eingebracht. Allerlei Erlebnistoiletten, etwa wie ein Fußball, eine Rakete oder ein Schiff gestaltet oder mit Aquarien, Hardrock-Requisiten oder Alice-im-Wunderland-Dekorationen ausgestattet, runden das Bild der Koreanischen Toiletten-Kulturbewegung ab.

In England ist der "Loo of the Year Award" der British Toilet Association eine begehrte Auszeichnung, auf der Internetseite www.loo.co.uk kann man auch seine Lieblingstoilette nominieren. Apropo Internet: Unter www.thebathroomdiaries.com findet man eine weltweite Liste von öffentlichen Toiletten mit kurzen Beschreibungen und Bewertungen. Leider sind die Angaben zu den wenigen aufgenommenen öffentlichen Toiletten in Berlin nicht immer ganz korrekt. So ist leider die Toilette im Komplex der Nordischen Botschaften nicht so ohne Weiteres frei zugänglich. Aber immerhin erfährt der weltreisende Amerikaner, wie er Kurfürstendamm auszusprechen hat: "Koor-pfoorst-un-dahm". Hoffen wir mal, dass es ihm bei der Suche nach einer der dort aufgestellten Public Coin Operated Toilets behilflich ist.

Oft genug wird der westberliner Einheimische auf dem Kudamm von Touristen – allerdings keine amerikanischen, sondern vornehmlich solche aus Pinneberg oder Paderborn – nach "dem Klo" gefragt. Diese Einrichtung ist nach eigener Aussage Europas beknacktestes Erlebnisgasthaus. Wir wollen dem hier nicht widersprechen und meinen das auch gar nicht ironisch. Die Einrichtung in der Leibnitzstraße 57 ist mittlerweile mehr als dreißig Jahre alt und erfreut sich bei Provinzbesuchern mit schlichtem Humor ungebrochener Beliebtheit. Manchem wird

DAS KLO
"Europas beknacktestes Erlebnisgasthaus"

sich diese Kneipe womöglich stärker eingeprägt haben als Gedächniskirche oder Brandenburger Tor. Vorstellen muss man sich das Lokal als eine Mischung aus Schmuddel-Flohmarkt, Geisterbahn und Kuriositätenkabinett. Platz nimmt der Gast auf Toilettenschüsseln und lässt sich das Bier in – welch brüllend witziger Einfall! – Nachttöpfen servieren. Zur Appetit anregenden Ausstattung gehören auch einige Terrarien mit Vogelspinnen, Echsen und einer Boa constrictor, weshalb sich die Anstalt zur Befriedigung der Touristenbedürfnisse auch Reptilienkneipe nennt.

Wir können das Thema Toilette nicht beschließen, ohne dem Faktor Mensch die nötige Aufmerksamkeit zu schenken. Gemeint sind hier nicht die Besucher, Benutzer, Gäste oder Kunden, oder wie sonst man Menschen am Ziel ihrer Suche nach Erleichterung nennen mag Gemeint sind die Toilettenfrauen und -männer. Sind sie es doch, die diesem Ort auch und gerade in Zeiten der vollautomatischen, computergesteuerten Citytoilette wieder ein menschliches Antlitz verleihen. Wie sehr die Qualität eines Klos vom Personal abhängt, das haben wir schließlich auf unseren Recherchetouren und -sitzungen immer wieder erfahren können. Mit der hohen Wertschätzung dieser von vielen immer noch als wortwörtlich anrüchig empfundenen Tätigkeit stehen wir nun nicht mehr allein da: Der Verein "Toilettenfrau e. V." hat sich der im Stillen und am stillen Örtchen wirkenden Berufsgruppe angenommen – obgleich der Vereinsname die Männer wieder mal ignoriert! Zur Hebung des Ansehens verleiht der Verein einmal jährlich einen Pokal an die "Toilettenfrau des Jahres". Erstmals erhielt am 27. April 2002 Helga Schmidt die Trophäe. Helga Schmidts Reich ist die Toilette der "Hafenbar", des bekannten Berliner Clubs in der Chausseestraße. Zu Recht freut sich die so Geehrte über die Auszeichnung als Deutschlands "Toilettenfrau des Jahres", die unter großer Anteilnahme der Öffentlichkeit direkt an ihrem Arbeitsplatz vorgenommen wurde. Bei der Gelegenheit berichtete sie auch, dass ihr die Arbeit viel Spaß macht und dass sie noch niemand als Klofrau abfällig behandelt habe. Die anwesende Prominenz meinte dann auch gleich, dass das Selbstbewusstsein der Preisträgerin und das respektvolle Verhalten ihrer Besucher ein Vorbild für alle Toiletten dieser Stadt und dieser Welt sein sollten.

Dem wollen wir uns hier abschließend anschließen.

Toilettenfrau des Jahres
Helga Schmidt

KLEINE BERLINER KLO-STATISTIK

Die Anzahl öffentlicher Toiletten betrug 1998 in Nürnberg 52, in München 73, Stuttgart 60, Hamburg 150... und raten Sie mal, in Berlin? Sage und schreibe 165. Heute sind es in Berlin 385 öffentliche Toiletten, davon allein 160 WallCity-Toiletten.

1998 entfiel in Berlin auf 20.600 Einwohner ein WC. Heute teilen sich 8800 Einwohner Berlins ein öffentliches Häuschen.

Von den insgesamt 385 Toiletten in Berlin sind 158 Automatiktoiletten. Von der Gesamtzahl sind inzwischen mehr als die Hälfte behindertengerecht (1998 waren 40% der Toiletten entsprechend eingerichtet).

Durchschnittlich wird in Berlin eine Automatiktoilette von 846 Personen im Monat benutzt. Das entspricht über 10.000 Personen im Jahr.

Die vier meistbesuchten Automatiktoiletten in Berlin sind in der Reihenfolge:

Rathaus Spandau 37.156 Besucher/Jahr
Wittenbergplatz 34.473 Besucher/Jahr
Hermann Ehlers Platz 33.703 Besucher/Jahr
Alt-Tegel (C&A) 33.612 Besucher/Jahr

Für jede Benutzung werden durchschnittlich 12 Liter Wasser verbraucht. Bei 2.010.008 Benutzungen (2001) entspricht das immerhin 24.120.096 Litern.

Diese Benutzer haben 3.260 Liter Seife und 19.954.800 Blatt Toilettenpapier verbraucht!

Hätten Sie's gewußt?

Hinweis für Benutzer mit Handicap: alle Wall City-Toiletten sind behindertengerecht.

LITERATUR

John Gregory Bourke: Das Buch des Unrats. Frankfurt am Main 1992

René Faber: Anrüchig. Von Donnerbalken, Nachtvasen und Kunstfurzern. München 1992.

Jan Nuszkowski: Pissorte und Pinkelwinkel – (Kl)Eine Geschichte der öffentlichen Toiletten. Hamburg 1992.

Roy Palmer: Auch das WC hat seine Geschichte. München 1977

Werner Pieper: Das Scheiß-Buch. Entstehung, Nutzung, Entsorgung menschlicher Fäkalien. Löhrbach o. J.

Daniela Reuter, Uwe Ruprecht, Micha Schulze: Pissoir. Wohin heute? Mit einer Portraitreihe von Rainer Wohlfahrt. Dortmund 1995.

Herbert Rittlinger: Reiseführer für Notfälle. Eine kleine Topographie des Bedürfniswesens sowie Lagebeschreibungen einiger stiller Orte. Geigy 1977.

Wulf Schirmer: Eine Gruppe von Pavillons. Berliner Entwürfe des 19. Jahrhunderts: Festschrift Klaus Lankheit

Hamburger Toilettenführer

ABBILDUNGEN UND FOTONACHWEIS

Historische Fotos: entnommen aus dem Buch
Auch das WC hat seine Geschichte, Roy Palmer
© 1977 Udo Pfriemer Verlag GmbH

Eine Gruppe von Pavillons. Berliner Entwürfe des 19. Jahrhunderts, Wulf Schirmer. In: Festschrift Klaus Lankheit

Reiner Elwers: Fotos der Toilettenanlagen

Ch. Buckstegen: Titel und Rücktitel sowie die Abbildungen der Seiten 6/7, 8, 28, 39, 40, 45, 50/51, 118

IMPRESSUM

Herausgegeben vom L&H Verlag
Finanziell wurde dieses Buch unterstützt von der Wall AG, Berlin

Deichstraße 27, D-20459 Hamburg
Fon 0 40/32 08 68 92
Fax 0 40/32 08 68 94
ISDN 0 40/37 50 12 14
LH-Verlag@t-online.de
www.LH-verlag.de

KONZEPT Wolfgang Henkel, L&H Verlag, Hamburg
TEXTE Rachel Nissen, Reiner Elwers, Jörg Haspel, Thies Schröder
REDAKTION Wolfgang Henkel, L&H Verlag, Hamburg
BERATUNG/GRUNDLAGENMATERIAL Marcus Weichert, Pressestelle der Wall AG
FOTOS siehe Seite 121
KARTEN L&H Verlag, Hamburg/Kontur, Berlin
GESTALTUNG Inken Broocks M. A., Stefan Seufert und Wolfgang Henkel, alle L&H Verlag
SATZ Inken Broocks M. A. und Stefan Seufert, beide L&H Verlag, Hamburg
PRODUKTION Druckhaus Köthen, Köthen

Die Deutsche Bibliotek – CIP-Einheitsaufnahme
Stadtführer für alle Fälle: Berlin und seine öffentlichen Toiletten/
Reiner Elwers ... - Hamburg: L-und-H-Verl., 2002
(Short Guide)
ISBN 3-928119-77-X

Gesamtprogramm L&H Verlag ISBN 3 - 928119 -

HAMBURG

Hamburg Grün. Die Gärten und Parks der Stadt	39-7
Hamburg für Leser	71-0
Hamburg Kompakt/Hamburger Museumsführer	69-9
Hamburg musikalisch – Spurensuche i. d. Neustadt	54-0
Linie 36 – Hamburg-Tour in 38 Minuten	56-7
Stadtführer für Notfälle/ Hamburgs öffentl. Toiletten	58-3
HafenCity und HafenkanteÖvelgönne bis Meßberg	63-X
Das Rathaus der Freien und Hansestadt Hamburg	25-7
Es begann 1676 – Hamburg. Geschichte. Katastrophen. Feuersbrünste	67-2
Beatles, Hagenbeck und Schopenhauer	68-0
Hamburg, eine fotografische Zeitreise	73-7
Weihnachten und Advent in Hamburg und Umland	59-1

BERLIN/POTSDAM/BRANDENBURG

DenkMal Berlin	74-5
Berliner Museumsführer Berlin/SMPK	62-1
Berliner Museen. Deutsch/Englisch	50-8
Berlin Grün. Die historischen Gärten und Parks	51-6
Linie 100 + 200 – Berlin-Tour in 33 Minuten	57-5
Potsdam Kompakt,	66-4
Potsdam Grün	64-8
Ein Garten der Erinnerung/Karl Foerster	65-6
Statuen in Potsdam	07-9
Ferien vom Ach/Karl Foerster	72-9

WEITERE BUNDESLÄNDER

Schlösser und Gutsanlagen in Schleswig-Holstein	24-9
Schlösser, Herrenhäuser und Kirchen in Mecklenburg-Vorpommern	53-2
KulturRouten Niedersachsen	
Band 1: Hannover/Braunschweig	32-X
Band 2: Harz, Weser- und Leinebergland	33-8
Band 3: Osnabrücker Land, Emsland, Mittelweser	34-6
Band 4: Ostfriesland, Oldenburg	35-4
Band 5: Elbe-Weserdreieck, Bremen	36-2
Band 6: Lüneburger Heide, Wendland	37-0
Rhein-Ruhr Kompakt	60-5
Das Gartenreich Dessau-Wörlitz	61-3
Gärten&Parks in Sachsen	26-5
Weimarer Museumsführer/Kompakt	48-6
Erlebnis Handwerk	40-0
Aphorismen für Führungskräfte	22-2

"Hier sitz' ich nun und kann nicht anders."

unbekannter Dichter
Toilettenwand
20. Jahrhundert

Bitte beachten Sie auch die
Karte im vorderen Umschlagdeckel

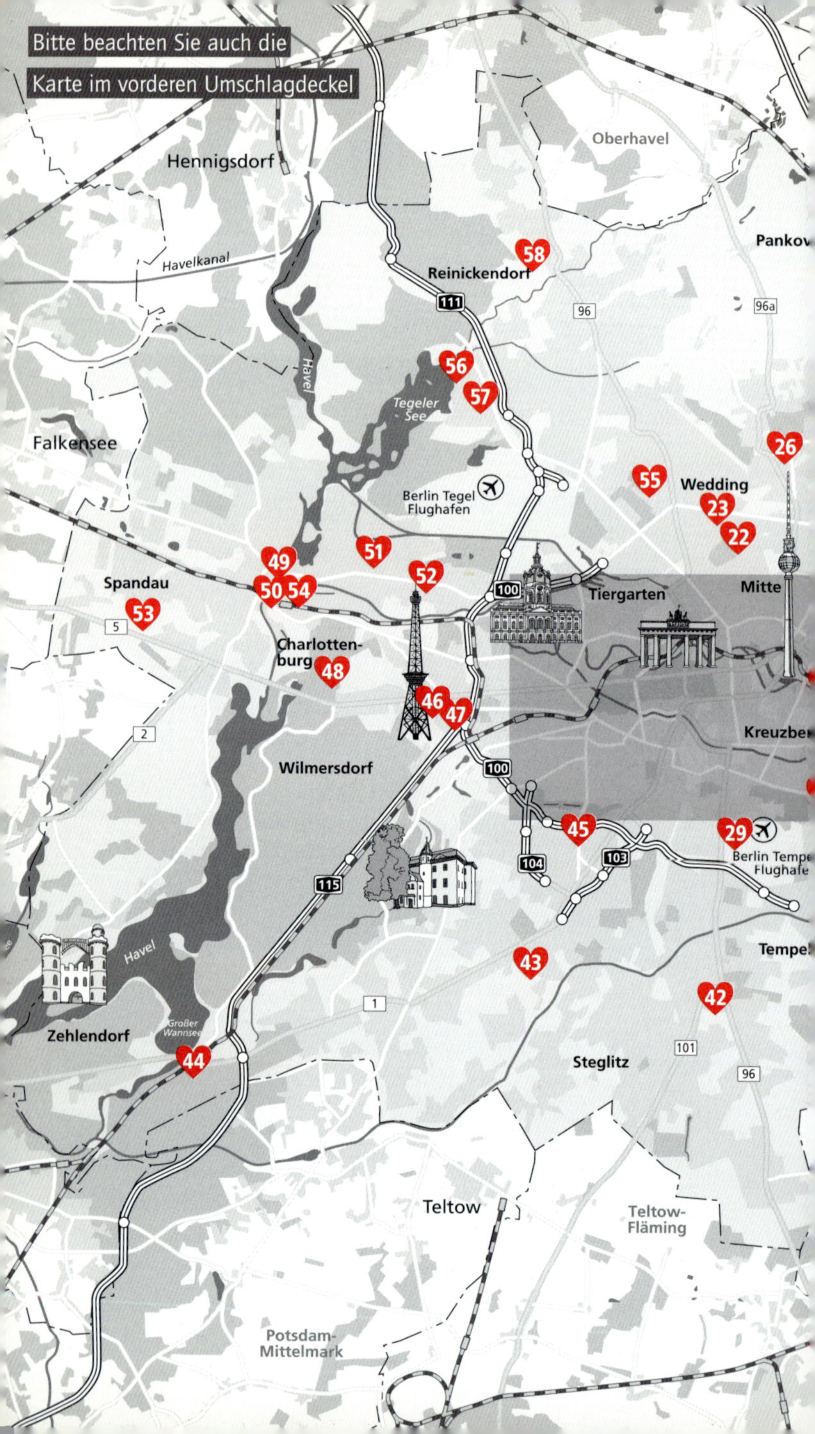